PEWNOŚĆ

V stopień (etap I)

Ta książka nauczy Cię kierować swoim losem

Dimitri Wereszczagin

PEWNOŚĆ

System dalszego rozwoju energoinformacyjnego

V stopień (etap I)

KOS

Wydawnictwo KOS

KATOWICE

Tytuł oryginału:
Уверенность: Система дальнейшего энергоинформайионного развития. V ступень, первый этап

Tłumaczenie z języka rosyjskiego:
Alina Skoneczna

Projekt okładki:
Marek Ciesielczyk – AMC SZTUKA

Korekta:
Mariusz Grygierczyk

Typografia i łamanie:
Ryszard Liebich – Wydawnictwo KOS

ISBN 978-83-60528-57-0

Wydawnictwo KOS
ul. Agnieszki 13
40-110 Katowice
tel./faks (032) 258-40-45, (032) 258-27-20, (032) 254-02-73
tel. (032) 258-26-48
e-mail: kos@kos.com.pl
http://www.kos.com.pl

Druk i oprawa:
RISAPRESS S.C.
41-905 Bytom, ul. Św. Elżbiety 6, biuro@risapress.pl • www.risapress.pl

POUCZENIE NA DROGĘ

Zapoznając się z tą książką, uzyskacie możliwość zmiany swego życia przez wejście na nowy poziom ewolucji. Pozwoli ona zrozumieć prawdziwe źródła zdrowia, choroby, ludzkich zachowań i kolei losu.

Uwolnicie się od wpływu wielkich energoinformacyjnych pasożytów manipulujących Wami i popychających ku autodestrukcji. Pamiętajcie, by nie krzywdzić ludzi znajdujących się na niższym poziomie rozwoju. Okażcie troskliwość, pomóżcie im.

Dla Was stanie się możliwe to, co dla zwykłych zjadaczy chleba jest nieosiągalne. Nie trwońcie sił, nie marnujcie czasu w pogoni za marnością tego żywota. Przed Wami wielki cel – odkrycie nowego świata i poszukiwanie w nim własnego miejsca.

Uzyskacie zdolność uzdrawiania. Wykorzystajcie ten dar w zbożnym celu. Pomagajcie bezinteresownie.

Wasze dusze wzmocnią się, będziecie mogli poprowadzić za sobą innych. Przyniešcie im światło i radość, a nie ciemność i ból.

Nie będziecie już zależni od karmy i chorób karmicznych. Pomóżcie to samo osiągnąć drugim.

Będziecie w posiadaniu prawdziwego narzędzia zmiany świata – wiary. Niech w dobrej sprawie służy nie tylko Wam.

Aby przejść całą drogę, prawdopodobnie będziecie potrzebować pomocy. Szukajcie jej pośród podobnych Wam wędrowców. Spróbujcie rozpoznać się w tłumie, uczcie się wzajemnie od siebie i pamiętajcie o sobie.

Osiągając nowy stopień rozwoju, staniecie się częścią nowej energetycznej wspólnoty wolnych ludzi. Wspierajcie się nawzajem – cena wolności jest wysoka i czasem ponad siły pojedynczego człowieka.

Pamiętajcie o nas, którzy jako pierwsi przeszliśmy do nowego świata. Ogniskujemy dla Was nową wspólnotę energetyczną. Zwracajcie się do nas w trudnych chwilach, a my Wam pomożemy. Zwracajcie się też do nas w chwilach pomyślnych, a wtedy będziemy w stanie pomóc milionom innych ludzi. Śmierć nie istnieje. Odpowiemy z tamtej strony.

Spróbujcie odczuć związek ze mną, autorem tych słów. Czekam na to. Proście o pomoc i jednocześnie pomagajcie mi.

Dodajcie do światła nowej wspólnoty energetycznej także swoje promienie.

Stwórzcie nową, wolną ludzkość. Zasługujecie na to.

WPROWADZENIE

Dotknięcie Najwyższego

Witam Was ponownie, drodzy Czytelnicy. Długo czekaliśmy na to spotkanie – wreszcie doszło do skutku. Znów jesteśmy razem. Zresztą, po przestudiowaniu czterech poprzednich stopni systemu DEIR doskonale rozumiecie, że razem jesteśmy nie tylko wtedy, gdy komunikujemy się za pośrednictwem książki. Przecież zawsze czujemy wzajemne energetyczne wspieranie się, gdy tego wsparcia potrzebujemy.

Konsekwentnie i uparcie kroczycie drogą wyzwolenia, drogą umożliwiającą opanowanie nowych możliwości, wielu z Was ukończyło już kursy praktycznego przyswojenia sobie systemu DEIR. Zasługujecie na szacunek i wdzięczność. Powoli, ale odczuwalnie zmieniacie losy świata.

Zmiany kiełkują już tu i ówdzie. Na zewnątrz są na razie mało widoczne. Jednak w subtelnym planie zmiany te są w pełni realne. Pojawiły się dzięki Wam. Zmiany rosły w Was, w duszy i świadomości, zaczęły się rozwijać, zmieniać świat wokół. Dziękuję Wam za to.

Wdzięczny jestem także za listy, za Waszą niecierpliwość w oczekiwaniu na nową, piątą już książkę.

Teraz nadszedł czas, by trafiła do Waszych rąk – sytuacja w pełni do tego dojrzała. Dojrzeliście także Wy – moi Czytelnicy, zwolennicy i naśladowcy. Czy jesteście gotowi do drogi? Wiem, że tak. Naprzód więc! I niech Bóg będzie z nami.

Wszystkim, którzy właśnie teraz, na stronach tej książki, po raz pierwszy zetknęli się z systemem Dalszego Energoinformacyjnego Rozwoju, zalecam sięgnięcie po wcześniejsze tomy: „Wyzwolenie", „Kształtowanie", „Oddziaływanie" i „Dojrzałość". Bez znajomości poprzednich książek, bez opanowania wiadomości w nich zawartych trudno będzie zorientować się w treści, grozić to może pomyleniem metod i w konsekwencji stać się przyczyną nieprzyjemności.

Czym jest piąty stopień? Wiem, że odpowiedź Was interesuje. Wydawać by się mogło, że zrobiliśmy już wszystko, co tylko możliwe. Weszliśmy na nowy poziom ewolucji. O czymże jeszcze można marzyć?

Jednakże większość z nas czuje: to jeszcze nie wszystko, jeszcze nie koniec drogi. Wciąż czegoś brakuje... Może właśnie tego, co najważniejsze. Najważniejszego po to, abyście dalej szli przez życie samodzielnie, swobodnie, w poczuciu wolności, radośnie, wiecznie i nie zbaczali z drogi, nie szukali wsparcia innych ludzi, żebyście byli pewni siebie, szczęśliwi, zjednoczeni ze światem, gdy cały Wszechświat z miłością otwiera się na spotkanie z Wami, pomaga i wspiera, cieszy się, że jesteście i otwiera przed Wami wszystkie drogi ścielące się u Waszych stóp...

Czego nam brakuje? Brakuje zrozumienia, ogarnięcia praw, jakie powinna znać jednostka, która pokonała bariery ewolucyjnego rozwoju człowieka oraz ograniczenia fizycznego ciała zwykłego człowieka.

Piąty stopień został całkowicie poświęcony relacjom takiej właśnie jednostki z otaczającym nas światem – zarówno światem przyrody żywej i nieożywionej, jak i światem Sił Wyższych.

Przekonacie się, że między tymi światami nie ma żadnego podziału. W rzeczywistości są one jednolite, ponieważ świat we wszystkich swoich przejawach stale podporządkowuje się prawom wyższego rzędu, wyższego porządku. Mówiąc o „przyrodzie nieożywionej", przede wszystkim hołdujemy tradycji – w istocie, to wyrażenie nie jest prawidłowe. Nieożywiona przyroda nie istnieje! Tak naprawdę wszystko wokół żyje, w tym także tzw. nieożywione przedmioty. Wciąż się zmieniają, oddziałują na siebie, włączając się w jednolity całościowy proces życia Wszechświata, gdzie wszystko ma swoją prawidłowość, gdzie nie ma przypadku. Nie ma przypadku – są prawa. Prawa, według których żyje, oddycha, zmienia się, włącza w różne procesy cały otaczający nas świat. Człowiek nieprzygotowany, na niższym poziomie rozwoju, nie jest w stanie dostrzec tych prawidłowości – widzi tylko nieuporządkowany i, jak mu się zdaje, bezmyślny zbiór tego, co przypadkowe. Natomiast człowiek przygotowany potrafi nie tylko odczuć jednocześnie prawidłowości wszystkich procesów życiowych całego żywego organizmu Wszechświata, ale także oddziaływać na te procesy. Każdy z nas może wpływać na tzw. przypadki i przy sposobności zmieniać je na swoją korzyść. Potrafimy nawet więcej – możemy wywoływać pożądane zdarzenia. Możemy to uczynić bez zakłócania reguł rządzących światem – tych obiektywnych praw, według których istnieje Wszechświat. Zrobimy to, śmiało wpisując się w te prawa. Zrobimy to dla dobra świata, nie zaś by mu zaszkodzić.

Jesteśmy w stanie obejść przeszkody, rozpoznawszy je jeszcze przed ich powstaniem, wyczytawszy informację z przyszłości. Wcale nie musimy robić tego na poziomie świadomości – taką informację człowiek przygotowany chłonie podświadomością i to podświadomość, bez woli człowieka, odwodzi go od przeszkód. Podświadomość wie, jaki obrać kurs, w którą stronę iść, by dojść do celu, torując sobie drogę pośród przeszkód, które nie zdążyły jeszcze powstać. Możemy zmieniać prawdopodobieństwo zdarzeń wokół nas.

Możecie to zrobić już teraz, choć pewnie się tego nie domyślacie. Jeszcze chwila i będziecie potrafili wykonać to w praktyce. W skład piątego stopnia wchodzi m.in. opanowanie tych możliwości. Uwierzcie, dla Was będzie to bardzo, bardzo proste. Wtedy wszystko stanie się łatwe i radosne.

Jeśli jednak piąty stopień rozpatrywać całościowo, okaże się, że ma on znacznie szerszy zakres. Zawiera także doświadczenie oddziaływań ze Światowymi Prądami – wyjście ku wzajemnym oddziaływaniom z Siłami Wyższymi – z Bogiem.

W tej książce znacznie mniej uwagi poświęcono oddziaływaniom energetycznym, energetycznym metodom zmiany siebie. Spotkamy się tu ze znacznie bardziej subtelnymi warstwami świata i samych siebie – z wyższymi warstwami nadsubtelnej informacji. Metody energetyczne zostawiliśmy daleko za sobą. Nadszedł czas opanowania sztuki wyższego pilotażu.

Wszystkie te zagadnienia stanowią duży zasób informacji, dlatego piąty stopień podzielimy na dwa etapy. Niniejsza książka jest poświęcona pierwszemu etapowi opanowania piątego stopnia systemu DEIR.

Ale – po kolei. Mimo wszystko długo nie spotykaliśmy się na kartach książki. Wobec tego, aby wejść na piąty stopień, potrzebujemy swego rodzaju rozgrzewki, nastawienia na kontynuowanie pracy z jednoczesnym utrwaleniem i uświadomieniem sobie tego, co przeszliśmy na nowym etapie rozwoju. Nowy etap już nastąpił – o czym upewniliśmy się, oczekując na piątą część książki. Ta przerwa było konieczna, żeby Czytelnik wszystko sobie utrwalił.

Teraz nadszedł czas przypomnieć sobie tę wiedzę i znów wyruszyć w drogę. Bierzmy się do pracy. Odświeżmy w pamięci teorię.

ROZDZIAŁ 1.

WOLNOŚĆ, POWODZENIE, ODDZIAŁYWANIE I DOJRZAŁOŚĆ

Przesłanki nowego etapu ewolucji człowieka

Obecnie ludzkość przeżywa krytyczną fazę swojego rozwoju. Świat jest przeludniony. Czas już się do tego przyznać, nawet jeśli komuś stwierdzenie to wydaje się niehumanitarne. Fakt pozostaje faktem.

Bogactwa naturalne niszczone są bezpowrotnie. Przyroda ponosi ogromne straty. Ziemia jęczy pod agresywnym naciskiem ludzkości. Wydaje się, że już nie ma żadnego zakątka przyrody, który nie byłby skalany brutalnym wtargnięciem tego, kto jeszcze niedawno nazywał się jej gospodarzem. Ten „gospodarz" okazał się być nierozumny do granic możliwości. Zhańbił i podeptał świętość – swój dom, ziemię, bez której nie jest w stanie przeżyć.

Wydaje się, że jeszcze chwila – i Ziemia, zmęczona cierpieniem, wytrzymywaniem brutalnego postępowaniem „gospodarza" siejącego wokół brud i zniszczenie, odrzuci go jak najdalej, w niebyt – i w końcu odetchnie swobodnie...

Nie możemy zaliczać się do tych, których umęczona planeta odrzuci. Dużo już zrobiliśmy w celu uniknięcia smutnej doli. I nie mamy wątpliwości, że wielu innych zostanie odrzuconych. Jeśli zrozumieliście sens katastrof mających miejsce na całym świecie, domyślacie się już, że proces się rozpoczął.

Jest on nieodwracalny. Wynika z natury rzeczy. Ludzkość doszła w swoim rozwoju do zupełnego absurdu. Zaczęła dosłownie pożerać samą siebie. Właściwie, jakie bariery, przeszkody trudności spotykamy na swojej drodze? Czy takie, które stworzyła matka natura, czy te, których sprawcami są przybysze z innej planety? Rzecz jasna, nie. Podstawowe trudności życiowe wiążą się wyłącznie z przeszkodami, których sprawcą jest sam człowiek.

Wyobraźcie sobie, że chcecie wraz z rodziną mieszkać gdzieś z dala od miejskiego smogu, w małej, cichej wiosce zbudować niewielki domek i tak ułożyć sobie życie, by zapewnić bliskim jedzenie, picie, ciepło. Czy to jest możliwe? Teoretycznie tak – nie ma nic bardziej prostego i naturalnego! Z zadaniem zbudowania domu świetnie radzili sobie nasi przodkowie!

Ale... Właśnie w tym rzecz, że współcześnie istnieje bardzo dużo tych „ale" – pojawiają się, niczym dziesiątki, setki obmierzłych karaluchów wypełzających ze szczelin. Zbudować dom? A koszty? Działka, materiały budowlane, podatki, a gdzie będę pracować, z czego w ogóle będziemy żyć?

I tak w nieskończoność. W rezultacie, pomarzywszy na kanapie o domku na wsi, spędzamy lata całe w okropnym mieście, w służbowym mieszkaniu wielopiętrowego domu.

Jeszcze sto lat temu o podobnych problemach nie było nawet mowy. To tylko iluzja, że życie jest lepsze, bardziej radosne, swobodniejsze, szczęśliwsze niż było dawniej. To błędne myślenie, które od dzieciństwa wtłaczano nam do głowy na lekcjach historii i wtedy, gdy musieliśmy czytać ideologiczne podręczniki.

Nie będziemy tu mówić o globalnych wydarzeniach historycznych – porównamy, jak żył zwykły Rosjanin w połowie XIX w. z tym, jak żyje obecnie. Będziemy obiektywni w sądach, odrzucimy treści zaczerpnięte z zafałszowanych podręczników historii.

W 1861 r. w Rosji zniesiono pańszczyznę – uważamy to za krok na drodze postępu, ku wolności i nowemu wspaniałemu życiu. Jednak zwróćmy uwagę na to, jak żył chłop pańszczyźniany, którego wszyscy żałują, uważają za nieszczęśliwego, biednego niewolnika.

Ten „biedny niewolnik" miał własny dom i kawałek ziemi. Żył jako pełnowartościowy człowiek, miał rodzinę – z reguły wcale niemałą. Za dom i ziemię płacił panu tylko jedną dziesiątą zbioru – dziesięcinę. Oprócz tego był zobowiązany do pracy na pańskim polu (pańszczyzna) i raz do roku musiał przynosić panu produkty i pieniądze (obrok).

Jeśli jego dorosłe dzieci zakładały swoje rodziny, cała wieś pomagała przy budowie ich domu. Dom budowano na wsi, a drewno pozyskiwano z pobliskiego lasu. I nikomu nawet do głowy nie przyszło, że za ziemię i „ekipę budowlaną" trzeba płacić.

Nadwyżkę zbiorów ze swojego pola chłop mógł sprzedać na bazarze lub wymienić na potrzebne rzeczy. Przy wystarczającym poziomie dochodu uzyskanego w taki sposób pojawiała się realna perspektywa wykupienia się. I znów nikomu by do głowy nie przyszło, że należy jeszcze obcym zapłacić podatek.

Oto życie chłopa pańszczyźnianego. Oczywiście, nie może posłużyć za ideał – to życie pozbawione wolności. Ludzie wolni posiadali znacznie więcej praw i możliwości. Jednak, jak wiemy, chłopom pańszczyźnianym niespieszno było do wolności. Odpowiadało im życie „pod skrzydłami" pana. A pan, co wiemy teraz, rzadko reprezentował typ okrutnego zwierzęcia, jakim go przedstawiały książki naszego dzieciństwa. Najczęściej okazywał się zupełnie zwyczajnym, normalnym człowiekiem.

Porównajmy teraz życie chłopa pańszczyźnianego z życiem współczesnego człowieka. Na czyją korzyść wychodzi porównanie? Czy nie mamy ochoty cofnąć się do tamtych czasów?

Współczesny człowiek w istocie jest takim chłopem pańszczyźnianym, i to w jeszcze większym stopniu. Musi pracować nie mniej niż osiem godzin dziennie. Musi oddawać państwu całkiem sporą część swego zarobku (podatek, ubezpieczenie, fundusz emerytalny i inne). Do tego część środków oddaje państwu także pracodawca i dlatego wzrasta wartość jego produkcji, a więc także rośnie cena produktów na rynku, przy czym realna wartość zarobków jeszcze bardziej się zmniejsza.

Mieszkanie obecnie kosztuje tyle, że jego cena wielokrotnie przewyższa wysokość wypłaty. Dlatego też w małym mieszkaniu często gnieżdżą się dwie – trzy rodziny (gdzież nam do oddzielnego domu chłopa pańszczyźnianego!). Na starość, choć przez całe życie płaciliśmy podatki, możemy liczyć tylko na własne skromne oszczędności i pomoc dzieci, które też klepią biedę.

Oprócz tego zmienił się układ cen. Przykładowo, w ubiegłym wieku w Rosji za srebrnego rubla można było kupić tyle produktów, by starczyło dla całej rodziny na miesiąc, zaś obecnie, za tę samą sumę można kupić 4–5 kg mięsa. Jeśli chodzi o artykuły przemysłowe, ceny wzrosły mniej. Świadczy to o jeszcze jednym groźnym symptomie – wyczerpują się bogactwa naturalne. Z żywnością sprawy stoją znacznie gorzej, niż za dawnych czasów – przodkowie jedli zdrowy, naturalny, nieskażony pokarm. Nasza żywność jest przetworzona i zanieczyszczona.

Taki opłakany stan dotyczy nie tylko Rosji. Tak jest na całym świecie, z nielicznymi wyjątkami. Weźmy pod uwagę fakt, że w niektórych krajach rządy w ogóle nie gwarantują człowiekowi na starość nawet minimalnej emerytury, którą otrzymują nasi seniorzy! W pewnym stopniu nam się poszczęściło.

W jaki sposób obecna sytuacja różni się od tej, która miała miejsce w 1861 roku?

Nie obarczajcie winą państwa, polityków, władzy, która nie potrafi stworzyć normalnych warunków życia. Nie, rzecz nie polega na tym, to tylko wynik, a nie przyczyna. Przyczyna takiego stanu rzeczy leży znacznie głębiej.

Wydaje się, że społeczeństwo jako forma wspólnoty ludzkiej dojrzało, przybrało potworne, monstrualne formy i zaczęło pożerać swoich członków – zwykłych ludzi. W istocie, zżera samo siebie. To objaw zwyrodnienia, oznaka tego, że społeczeństwo już się przeżyło.

A przecież kiedyś wspólnoty powstały dla dobra ludzi, dla zapewnienia im większego komfortu i bezpieczeństwa. Ludzie stworzyli gospodarkę rynkową w celu wymieniania się artykułami produkcji. Zbudowali miasta dla zapewnienia sobie bezpieczeństwa. To, co socjalne, służyło człowiekowi.

Teraz wszystko się odwróciło. To człowiek służy socjalizacji. Okazuje się, że człowiek rodzi się i żyje po to, by pracować na państwo, służyć w wojsku, płacić podatki... Jest surowcem potrzebnym do istnienia społeczeństwa. Nie może przed tym uciec, skryć się przed społeczeństwem, które narzuca mu ciężkie brzemię. Przypomnijmy sobie przedrewolucyjną sytuację z kompaniami, w których robotnik musiał pracować, płacić kary, niezbędne produkty kupować w sklepie swego pracodawcy (gdzie panuje drożyzna) itd., a przez to popadał w długi i nie mógł się z nich wydostać. To właśnie było marzeniem fabrykanta. A obecnie? Te marzenia urzeczywistniły się. Społeczeństwo zniewoliło swoich członków. Człowiek stał się zasobem, paliwem dla jego funkcjonowania, wkrótce, niczym w obozie koncentracyjnym, wszystkim będą przyporządkowane numery. Jeśli cały proces będzie przebiegał w ten sposób, człowiek stanie się po prostu bezimiennym, pozbawionym praw dodatkiem do szkaradnego socjalnego monstrum, mrówką, komórką gigantycznego raka trawiącego ciało Ziemi.

Proces ten wcześniej czy później powinien zostać przerwany. Dlaczego? Mamy wybór: iść drogą indywidualnej ewolucji albo być dalej podporządkowanym, rozpuszczonym w powstającej wspólnocie społecznych owadów. Przecież niektórzy biolodzy twierdzą, że w przypadku mrówek czy pszczół mamy do czynienia nie tyle ze wspólnotą, co z jednym organizmem.

Teraz wszyscy wybieramy: zostać częścią raka, który za chwilę nas pożre, czy wyzwolić się spod władzy potwora i zacząć żyć samodzielnie.

Rys. 1. Wypełnienie przez społeczeństwo ograniczonej niszy ekologicznej.

Czy jakościowo będzie taki sam ten, kto wybrał indywidualną przyszłość, przyszłość, do której został predestynowany przez Stwórcę? Na tym właśnie polega istota czekającego nas ewolucyjnego skoku. Zniknie stare, które się przeżyło, to, co chore, pasożytujące na zdrowym. Pozostanie to, co zdrowe, odrodzone i jasne.

Po co to mówię, drodzy Czytelnicy? Przecież dla Was, jak i dla mnóstwa innych ludzi studiujących system DEIR, niewolnicza sytuacja zwykłego człowieka dawno już jest przeszłością – ten etap macie za sobą.

System Dalszego Energoinformacyjnego Rozwoju daje szansę doprowadzenia człowieka do tej granicy, za którą mechanizmy nacisku, zmuszające go do określonych poczynań, przestają działać.

Już wybraliście, moi drodzy. Urzeczywistniliście przejście na nowy poziom. Wiecie już, że droga przejścia na wyższy poziom polega na uwolnieniu się od pokory, na tym, by przestać żyć pod dyktando społeczeństwa i dogadzać mu, by zniszczyć niewidzialne kajdany skuwające ręce i nogi człowieka – z założenia istotę rozumną i wolną. Teraz jesteście gotowi do dalszej drogi, do osiągnięcia władzy nad okolicznościami i kontaktem z wyższymi sferami. Najpierw jednak, jak to bywa przed daleką podróżą, korzystnie będzie zerknąć na przebytą drogę.

Początkowe etapy systemu DEIR: od wolności – do dojrzałości

Ludzkość jest zniewolona przez gigantyczne struktury energoinformacyjne będące produktem ubocznym istnienia ludzi – przez energoinformacyjne pasożyty. Niezauważalnie kontrolują każdego członka ludzkiej wspólnoty, przenikają niewidocznymi energetycznymi mackami do jego świadomości.

Pasożyty te czasami nazywane są egregorami. Każda wspólnota ludzka wyznająca podobne idee tworzy egregor – energoinformacyjną strukturę o szczególnych właściwościach. Duża grupa ludzi, myśląc o czymś, chcąc nie chcąc, tworzy na planie energetycznym pasożytniczą strukturę energoinformacyjną. Wydawać się może, że struktura ta nic nie robi – po prostu istnieje, żywiąc się energią ludzką, przytłaczając wciąż nowych ludzi, rozrastając się i nabierając siły. Kolejni ludzie, którzy ulegli jej wpływowi (by tak się stało, wystarczy nieświadomie pójść w odpowiednim kierunku), przyjmują przekonania i myśli charakterystyczne dla egregoru, dla tych, którzy pierwotnie go stworzyli. Tak oto egregor zaczyna sterować ludźmi.

Istnieje egregor komunizmu. Właśnie stąd czerpią siły ludzie, często w podeszłym wieku, którzy na mityngach wymachują czerwonymi flagami, niosą portrety byłych i obecnych „wodzów".

Jest także egregor wojny. Zmienia ludzi w mięso armatnie, wykorzystując ich do własnych celów.

Istnieje egregor rewolucji. Wiemy, do czego doprowadził jego rozwój. Sprawdziliśmy na własnym przykładzie, jak powstawała, rozkwitała i upadła rewolucja w Rosji. Doskonale znamy historię – jak ludzie rozentuzjazmowani walką klasową doprowadzili do przelania niewinnej krwi, masowego terroru i przejawów narodowego heroizmu... W rezultacie koniec tej walki nie był pomyślny – nawet dla bolszewików. Jednak znalazł się triumfator – energoinformacyjny pasożyt, do woli sycący się ludzką krwią i przez wiele lat z powodzeniem kierujący świadomością milionów ludzi.

Pasożytów energoinformacyjnych jest mnóstwo – tak dużo, jak najróżniejszych idei „unoszących się w powietrzu". Nawiasem mówiąc, czyż to nie wspaniały zwrot – na temat idei „unoszących się w powietrzu"? Przecież on w pełni odzwierciedla realną sytuację z pasożytniczymi strukturami energoinformacyjnymi.

Z powodu wpływu tych struktur ludzie zużywają do 70% swojego życia nie dla siebie, nie po to, by osiągnąć prawdziwe cele, ale na coś zupełnie niepotrzebnego – po prostu dokarmiają swoją energią rozrastające się pasożyty energoinformacyjne. W rezultacie te ostatnie przynoszą ludziom tylko nieszczęście i cierpienie.

Istnieją także takie egrerory, które pomagają ludziom, np. egregory zawodowych wspólnot ludzi – umożliwiają im okrzepnięcie na polu działalności zawodowej. Najbardziej znane są religijne egregory chroniące wyznawców danej religii. Jednak w procesie swojego rozwoju człowiek powinien uwolnić się od władzy nawet tych

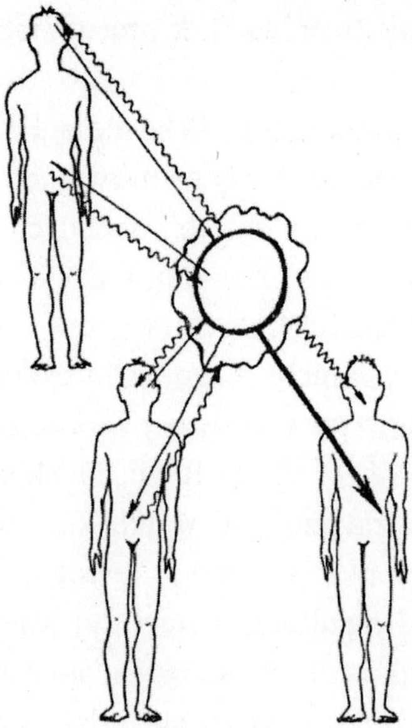

Rys. 2. Energoinformacyjny pasożyt podobny do meduzy, trzyma na uwięzi tysiące, tysiące ludzi, od jednych otrzymując programy, od drugich – energię Ziemi; wykorzystuje do swoich celów bez wyjątku wszystkich.

egregorów, aby iść dalej, ku większej swobodzie. We współczesnym świecie religie są zbyt upolitycznione.

Okazało się, że jesteśmy zdolni do stworzenia ochrony przerywającej wpływ energoinformacyjnych struktur pasożytniczych. Potrafiliśmy opanować własną energetykę i przestaliśmy się nią dzielić z energetycznymi potworami. Dzięki temu staliśmy się silniejsi, spokojniejsi i pewniejsi siebie. Udało nam się odbudować kontrolę nad swoją świadomością, odbierając tym samym władzę nad nią energetycznym pasożytom. Swoje otoczenie zorganizowaliśmy tak, aby nie tworzyło przeszkód na naszej drodze, a przeciwnie, by pomagało nam w każdy możliwy sposób. Połączyliśmy w jedną strukturę duszę, świadomość i ciało eteryczne, co umożliwiło nam dostęp do nowych źródeł energii, do intuicyjnych danych i twórczych zdolności.

Wszystko to wprowadziło nas na nowy, ewolucyjny etap rozwoju, gdy tymczasem większość ludzi pozostała na poprzednim poziomie.

Teraz jesteśmy gotowi, by iść dalej, ku nowym horyzontom, żeby posiąść wiedzę nad okolicznościami i nawiązać kontakt z wyższymi sferami. Wstąpiliśmy na nowy poziom pojmowania.

Przede wszystkim potrafiliśmy osiągnąć Wolność

To był niezbędny etap ewolucyjnego rozwoju, ponieważ ludzie w procesie rozwoju cywilizacji utracili wolność. Współczesna ludzkość nie jest wewnętrznie wolna.

Większość ludzi tego nie rozumie. Wszędzie krzyczy o swojej domniemanej wolności. Nie wie, że stopień braku wolności można uświadomić sobie dopiero wtedy, gdy uwolnienie będzie prawdziwe, stanie się faktem.

Dopóki człowiek jest zniewolony, nie rozumie, że jest zniewolony.

Jak to się stało, że mimo wszystko udało nam się wyzwolić i uświadomić sobie stopień zniewolenia pozostałej części społeczeństwa? W sposób prosty, naturalny i w dodatku – nieunikniony. Rozważmy podstawowe etapy procesu.

Zanim przeszliśmy pierwszy stopień DEIR, bardzo często spotykaliśmy się z poglądem, pojęciem lub przedmiotem, które w niewytłumaczalny sposób wydawały się niezwykle interesujące, wręcz intrygujące. Jednak po pewnym czasie nasze zainteresowanie zmniejszało się, by wreszcie zniknąć zupełnie. Później bardzo się dziwiliśmy – jak w ogóle mogliśmy się zajmować podobnymi bzdurami? Najbardziej interesujący jest fakt, że właśnie w tym samym czasie tą ideą czy poglądami interesowało się mnóstwo naszych znajomych. Podobnie jak my, w niewyjaśniony sposób zapałali zainteresowaniem do przedmiotu. Przypomnijmy sobie wybuchy masowego zainteresowania, np. w stosunku do aerobiku, leczniczych głodówek, różnego rodzaju diet... Jest dużo masowych „psychoz", które nagle opanowują świadomość wielu grup ludzi.

To „zasługa" wpływu pasożytów energoinformacyjnych.

Właśnie ten wpływ zmusił nas do tracenia czasu i pieniędzy na to, co jest całkowicie niepotrzebne, zabraliśmy pieniądze oraz czas własnej rodzinie i własnemu życiu.

A są to najmniej kosztowne przykre warianty. Cóż się stanie, jeśli wpływ energoinformacyjnych pasożytów zmusi nierozumną matkę, by wysłała swego syna na kolejną wojnę? Przecież wojna przyniesie dużo pieniędzy przedstawicielom władzy obu walczących państw. Wojna dostarczy wiele pokarmu energoinformacyjnemu pasożytowi. Nieszczęsnej matce zabierze dziecko, którego już nikt i nic nie wróci.

Każdy rozumny człowiek pojmuje niebezpieczeństwo wynikające z faktu istnienia takich pasożytów. System DEIR pokazał wszystkim niezabezpieczony, wrażliwy punkt tych monstrów. Polega on na tym, że pasożyty zamykają się na czakry człowieka. Jeśli wiemy, w jaki sposób energoinformacyjne pasożyty podłączają się do nas, z łatwością zorientujemy się, jak je odłączyć.

Gdy odłączyliśmy je od swoich czakr, wydobyliśmy się z sieci energoinformacyjnej, którą oplecione są miliony, miliony ludzi. Tym samym otworzyliśmy sobie świadomy dostęp do jedynych normalnych i najbardziej naturalnych dla człowieka energii – energii Ziemi i energii Kosmosu, wnikających do ciała człowieka przez centralne strumienie energetyczne rozmieszczone w naszej energetycznej strukturze wzdłuż kręgosłupa.

Aby to uczynić, zamknęliśmy swoje czakry, tworząc wokół ciała ochronną otoczkę, pewnie odgradzającą nas przed mackami energoinformacyujnych pasożytów. W ten sposób wyzwoliliśmy się i osiągnęliśmy spokój wewnętrzny, wychodząc na spotkanie nowemu pojmowaniu świata.

Od tej pory nie istnieją już dla nas tacy groźni wrogowie, jak uroki, klątwy i inne energoinformacyjne ataki i plagi. Przerośliśmy je.

Nie było łatwo zamknąć energetyczną otoczkę – aby to uczynić, musieliśmy rozwinąć w sobie mnóstwo nawyków: odczucie pola, widzenie aury, wejście w harmonizujący, wzorcowy stan, zdolność odczuwania centralnych strumieni i kierowanie nimi. Aby tego dokonać, nie wystarczyło wyobrażenie sobie tego wszystkiego w postaci obrazów, nie wystarczyło rozumienie ich na poziomie logiki, ale należało znaleźć to w swoich własnych odczuciach, wynieść na powierzchnię świadomości głębinową warstwę odczucia – a to już nie było takie łatwe.

Wy wszyscy, którzy opanowaliście materiał czterech poprzednich książek, macie już wszystkie trudności za sobą. Staliście się wolni i niezależni. Silniejsi, a jednocześnie bardziej czuli, znacznie bardziej wrażliwi niż inni ludzie. Uczęszczając na kursy, otrzymaliście do swojej dyspozycji specjalne obiekty umożliwiające otrzymanie ogromnego wsparcia energetycznego. Wyrwaliście się z macek energoinformacyjnych pasożytów i to wyróżnia Was od przytłaczającej większości ludzi.

Weszliśmy w nowy etap ewolucyjny, zdobywając najcenniejszy na świecie dar – wolność.

Przed nami otworzyła się nowa droga. Krocząc po niej, musieliśmy wszystko osiągać sami, nie oczekując społecznego wsparcia (czytaj: pasożytów energoinformacyjnych). Etap ten został dokładnie opisany w książce pt. „Kształtowanie".

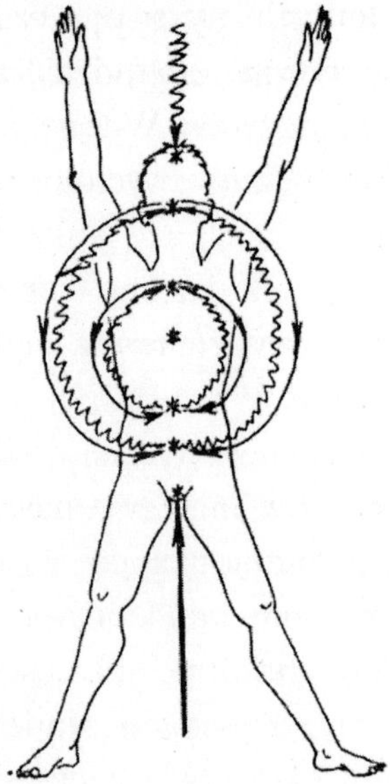

Rys. 3. Dzięki otoczce jesteście chronieni przed zewnętrznym działaniem. Energoinformacyjne pasożyty nie mają nad Wami władzy. Jesteście wolni. Polepszycie swoje zdrowie.

Gdy przechodziliśmy do tego etapu, znów napotkaliśmy trudności. Okazało się, że nam, ludziom wolnym, którzy wydostali się spod czujnego, bacznego nadzoru struktur pasożytniczych, bardzo, bardzo brakuje samodzielności. Najzwyklejszej samodzielności, której (jak sądziliśmy) nauczyliśmy się w dzieciństwie.

Uwolniliśmy się od niewidocznej kontroli tych pasożytów, od ich macek podłączonych do naszych czakr, od idei, które niczym przewód podłączone były do naszego mózgu. I nagle okazało się, że bez tego nie umiemy żyć. Żyć właściwie – to za dużo powiedziane, nie potrafimy radzić sobie z elementarnymi sprawami – przemieszczać się z miejsca na miejsce. Podobnie rzecz się miała z rozpadem ZSRR – większa część ludności czuła się zagubiona, gdy zniknęło „nienarzucające się" kontrolowanie przez partię wszystkich sfer życia. I my też czuliśmy się zagubieni, gdy pozbyliśmy się stałego szeptu pasożytów towarzyszących nam od dzieciństwa.

A przecież rezultat prawidłowo wykonanego pierwszego etapu był wspaniały – poczuliśmy duchowy komfort, pojawiła się stabilność emocjonalna, przestaliśmy się bać o przyszłość, ciało nabierało energii, odczuliśmy poprawę zdrowia. Jednak, mimo wszystko, coś nagle zaczynało trwożyć myślącego człowieka.

Okazało się, że wolność nie jest zwyczajnym, pospolitym darem. Doświadczając wspaniałego stanu duchowego, w żaden sposób nie mogliśmy zacząć posuwać się do przodu. Właściwie po co iść dalej, jeśli już jest dobrze? Może nie trzeba nic robić?

Nie. „Trzeba, Fiedia, trzeba!" – tak mówił pewien książkowy bohater. Czy wiecie, co dzieje się z ludźmi w krajach dobrobytu? Dobrze myślicie – kwitnie narkomania, często dochodzi do samobójstw. Co dzieje się z państwami pełnymi bogactw naturalnych? Nie rozwijają się, pozostając „bananowymi republikami". Dlaczego? Matka natura wszystko dała, wydawało się, że nie trzeba się o nic martwić. Było tak dobrze! A rezultat – smutny.

Czy chcecie stać się taką biedną „bananową republiką", która, mając ogromny, wielce obiecujący potencjał, pozostaje niczym? Nie? To trzeba się rozwijać. Należy się rozwijać nawet wtedy, jeśli brak (co dotyczy większości ludzi) bodźców takich jak: strach, niepewność jutra, potrzeba obrony. Tego wszystkiego już nam nie szepczą pasożyty energoinformacyjne. Trzeba uczyć się rozwijać bez nich. Trzeba być wolnym człowiekiem, który doskonali się nie dlatego, że powoduje nim strach, ale dlatego, że wybrał swoją drogę świadomie, dobrowolnie, zrzuciwszy pęta.

Jeśli uczestniczycie w kursach, wiecie, że po zakończeniu pierwszego stopnia koniecznie powinniście zrobić trzytygodniową przerwę, nim zaczniecie zgłębiać tajniki drugiego stopnia. To niezbędny warunek, aby przyzwyczaić się do życia w nowym świecie. W ciągu tych trzech tygodni myślący czytelnik czy uczeń dojrzał niebezpieczeństwo płynące z komfortu nicnierobienia – i uświadomił sobie konieczność poruszania się naprzód, niczym Odys, który uciekł z krainy Lotofagów, nie mogąc wytrzymać ciągłego słodkiego błogostanu, upojenia wynikającego z jedzenia kwiatu lotosu.

Tak oto niezbędne okazało się kontynuowanie doskonalenia się na drugim stopniu Dalszego Energoinformacyjnego Rozwoju.

Drugi etap umożliwił nam kierowanie sobą – Kształtowanie

Tajniki opanowania tej sztuki otwiera przed nami książka „Kształtowanie" – druga z serii o systemie DEIR.

Ten drugi stopień przeszliśmy razem. Przypomnijmy, że składał się z czterech etapów.

Etap pierwszy polegał na zapanowaniu nad powodzeniem i szczęściem, które wcześniej bezpośrednio od pasożytów informacyjnych docierały do naszej podświadomości. Oczywiście, tylko wtedy, gdy chciały tego pasożyty, nie my. Wtedy coś robiliśmy, o czymś decydowaliśmy, kierując się niejasnymi dla nas impulsami podświadomości, ponieważ to właśnie podświadomość jako pierwsza otrzymywała sygnał od pasożytów.

Zilustruję powyższą myśl wydarzeniem z życia swojej rodziny. Ta historia wiele Wam uzmysłowi.

Byliśmy wtedy z siostrą bardzo młodzi. Gdy siostra zdała do dziewiątej klasy, zaczęło się z nią dziać coś bardzo dziwnego. Taki proces, nawiasem mówiąc, jest charakterystyczny dla dziewcząt w okresie dojrzewania. Ta energiczna, aktywna, ciesząca się życiem osoba nagle posmutniała, zaczęła być milcząca i zamyślona, przestała nawet czytać książki, a dawniej nie można jej było od nich oderwać. Taki stan zaniepokoił rodziców, którzy bali się, że dzieje się z nią coś złego. Siostra nie chciała odpowiadać na pytania, milczała, wpatrując się w podłogę.

Jednak po jakimś czasie jej stan zmienił się gwałtownie i niespodziewanie. Zaczęła bardzo aktywnie udzielać się w szkolnej organizacji komsomolskiej. Znowu odżyła, poweselała, nabrała pewności siebie. Co prawda, pojawiły się w jej głosie jakieś nieprzyjemne, apodyktyczne nuty, czasem zachowywała się jak pojazd pancerny podczas bitwy – parła do przodu niczym czołg. Jednak rodzice trochę się uspokoili – woleli to niż czarną melancholię swojej córki.

Tymczasem siostra tak bardzo poświęciła się pracy w organizacji młodzieżowej, że dzięki temu awansowała wyżej, a po ukończeniu szkoły, niczym za dotknięciem czarodziejskiej różdżki, zaczęła pracować w okręgowym komitecie komsomołu. Do tego czasu gdzieś zniknęła jej wesołość, żywość i bezpośredniość, pozostała natomiast wyniosłość, groźne spojrzenie i wyraźnie rosnąca mania wielkości.

Cała rodzina patrzyła z niedowierzaniem – ona przecież nigdy nie myślała o takiej karierze.

Wkrótce odetchnęliśmy z ulgą: po kilku miesiącach siostra porzuciła z takim trudem zdobyte miejsce pracy w komitecie. Wtedy poweselała, zrzuciła niemądrą maskę nadętego pyszałka, znów stała się miłą i naturalną dziewczyną.

Minęło jeszcze kilka lat. Siostra znalazła swoje powołanie – zajęła się psychologią. Wtedy, z zawodowego punktu widzenia, postanowiła zrozumieć, co się z nią działo. Przecież pewne fakty z jej biografii stanowiły dla niej prawdziwą zagadkę! Tematem jej pracy magisterskiej były motywy zachowania człowieka. Siostra postanowiła zbadać te motywy na własnym przykładzie.

Cóż się okazało? Posługując się najnowszą metodą psychoanalizy, odkryła ze zdziwieniem, że istniało kilka przyczyn jej poświęcenia się komsomolskiej pracy. Pierwsza tkwiła w zawiści wobec przewodniczącej szkolnej organizacji komsomolskiej, ładnej, udzielającej się społecznie dziewczynie, będącej zawsze w centrum uwagi. Druga była nie do końca uświadomionym sobie pragnieniem, by podobać się pewnemu chłopcu z klasy (na poziomie świadomości w ogóle nie przyznawała się przed sobą, że jest nim zainteresowana). Trzecią przyczyną było po prostu znudzenie szkolną rutyną, absolutnie niepasującą do takiej dziewczyny, jak moja siostra.

Tak to wyglądało z psychologicznego punktu widzenia. Sami rozumiecie, że prawdziwa przyczyna takiego zachowania leży jednak głębiej. Powstała w podświadomości atakowanej przez pasożyty energoinformacyjne.

Pasożyty te najczęściej uaktywniają się w chwili naszej tęsknoty, niepewności, czyli wtedy, gdy chcemy od życia czegoś innego, gdy nie daje ono satysfakcji. Jednak w jednej trzeciej przypadków one same ten stan powodują. Siostra zatęskniła – sama nie uświadamiała sobie przyczyn tęsknoty, a energoinformacyjny pasożyt podał jej gotowe rozwiązanie – pójdź utartą drogą, nakarm egregor komsomołu – tam czekają na ciebie władza, sława i pieniądze... W taki sposób siostra straciła sporo drogocennego czasu, by osiągnąć cel całkowicie jej niepotrzebny.

W tym miejscu należy zwrócić uwagę na jedną interesującą kwestię: chociaż siostra obrała fałszywą drogę, świetnie jej się powodziło. Praca w okręgowym komitecie komsomołu stanowiła wielkie wyróżnienie. A siostra dostała ją z łatwością. Dlaczego? Ponieważ idee, które wtłoczył jej do umysłu pasożyt energoinformacyjny, zostały przetworzone od najgłębszych warstw podświadomości do wyższych – świadomych. Wtedy umysł w połączeniu z ogromnymi energetycznymi i informacyjnymi możliwościami podświadomości poprowadził siostrę najkrótszą i najbardziej efektywną drogą tam, gdzie było to korzystne dla pasożyta energoinformacyjnego, ale dla niej – zupełnie obce.

Po opanowaniu pierwszego stopnia DEIR staliśmy się wolni – pozbawiliśmy się kontroli i wsparcia pasożytów energoinformacyjnych. Teraz musimy świadomie kształtować swoje idee i drogi dalszego rozwoju. Potem powinniśmy wdrożyć te idee do podświadomości – w przeciwnym razie podświadomość nic by o tym nie wiedziała. Świadomość myśli za pomocą słów i tylko w małym stopniu – obrazów (przypomnijmy sobie, że przez pierwsze półtora – dwa lata życia – wtedy, gdy kształtuje się nasza psychika, nie znamy w ogóle słów i znać ich nie chcemy), natomiast podświadomość myśli obrazami, odczuciami, lokomotorycznymi schematami... Dawniej pasożyt szeptał słodkie, fałszywe słowa bezpośrednio „na ucho" podświadomości. Teraz sami musimy jej szeptać to, co jest ważne dla nas, a nie pasożyta.

Potem musieliśmy nauczyć się sprawdzać prawdziwość swoich celów oraz idei, a następnie opanować wdrożenie ich nie tylko do podświadomości, ale także do swej energoinformacyjnej struktury.

Musieliśmy opanować programy na powodzenie i szczęście, które odbudowały jedność między świadomością i podświadomością oraz pozwoliły podświadomości nieprzerwanie prowadzić nas do

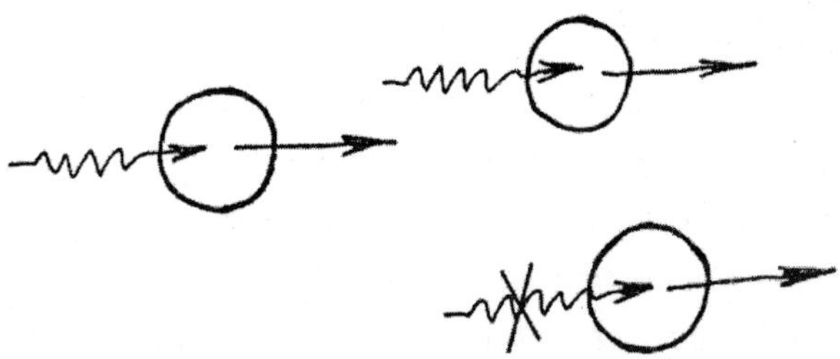

Rys. 4. Człowiek uwolniony od energoinformacyjnego pasożyta jest także wolny od jego programującego wpływu.

wybranego celu. Teraz wystarczy, że wybierzemy cele i uzgodnimy je ze swoją głębinową istotą, a wtedy natychmiast możemy zaczynać, bez zbędnego wysiłku, niezauważalnie przemieszczać się do celu.

Programy te odbudowały naszą wewnętrzną kontrolę nad sobą przykładowo w jednej trzeciej. Potem musieliśmy rozpocząć kolejny etap.

Etap drugi: Powinniśmy przyciągnąć innych ludzi do zrealizowania swoich celów, opanowując programy na skuteczność własnych działań.

Wcześniej, z powodu ciągłego zewnętrznego oddziaływania energoinformacyjnych pasożytów, nasze idee, cele, myśli w zasadzie niczym się nie różniły od myśli, celów i idei innych ludzi. Wszyscy chcą dostać się na uczelnię – my też, chcą odpoczywać nad ciepłym morzem – my też. Wszyscy chcą mieć futro, samochód, pragną szczęścia – a więc i my też tego powinniśmy chcieć. Nie wyróżnialiśmy się z tłumu oryginalnością myślenia. Teraz jest zupełnie inaczej – nasze cele są wyłącznie naszymi celami. Nie zwracamy uwagi na poglądy większości. Robimy tylko to, co jest potrzebne nam, co w rzeczywistości chcemy robić. Próby zewnętrznego nacisku nie mają na nas wpływu. Dobrze ilustruje to powiedzenie *Psy szczekają, karawana idzie dalej*. W dodatku jesteśmy pewni (cokolwiek mówiliby o tym inni ludzie), że karawana obrała prawidłowy kierunek. Ponieważ nasze cele – to cele wybrane przez wolną świadomość w sposób najzupełniej wolny.

Jednak mimo wszystko wciąż żyjemy w społeczeństwie. Możemy już od niego nie zależeć, ale jesteśmy jego częścią, gdyż mamy bardzo mało celów, które można by osiągnąć w pojedynkę, w samotności. Wszystko w naszym świecie jest wynikiem oddziaływania wielu ludzi. Potrzebne są związki z innymi, a umiejętność przyciągania ludzi w celu realizacji swoich planów – to sztuka szczególna.

Wcześniej nie musieliśmy posiąść tej sztuki. Wszystkie struktury socjalne pomagały nam w osiągnięciu celów potrzebnych energoinformacyjnym pasożytom. Mówiąc obrazowo: gdy chcieliśmy kupić określony towar, po przyjściu do sklepu okazywało się, że półki są nim zapełnione, a sprzedawcy na wyścigi chcą nas obsłużyć. Teraz przypominamy klienta, któremu potrzebny jest taki produkt, o który nikt więcej oprócz nas, nie pyta – artykuł ekskluzywny. a to oznacza, że w sklepie go nie ma, a sprzedawcy w ogóle o nim nie słyszeli. Co robić w takiej sytuacji? W podświadomość dostawców i sprzedawców trzeba wtłoczyć myśl, że koniecznie muszą dostarczyć do sklepu pojedynczy egzemplarz tego towaru, po czym sprzedać go właśnie nam.

To nauczyliśmy się robić – wpływać na otaczających nas ludzi. Zaczęli oni, chcąc nie chcąc, przesiąkać naszymi ideami, nawet nie domyślając się tego, że są to nasze, a nie ich własne myśli. W rezultacie pomogliśmy tym ludziom – przecież częściowo wyzwoliliśmy ich od wpływu pasożytów energoinformacyjnych. Sprzyjając nam, ludzie karmili go w mniejszym stopniu.

Opanowaliśmy już programy skuteczności działań, ludzie zaczęli pomagać nam w osiągnięciu celów. W ten sposób, zachowując wolność, jednocześnie odbudowaliśmy w dwóch trzecich kontrolę nad sobą. Pozostał tylko jeden, ostatni krok.

W trzecim etapie musieliśmy zacząć kierować poczuciem pewności siebie. To chyba najbardziej kapryśne uczucie. U zwykłego człowieka jest ono w całości kontrolowane przez energoinformacyjne pasożyty.

Nawiasem mówiąc, dobrze jest uświadomić sobie, jak wiele w życiu zależy od pewności siebie. Bez przesady można stwierdzić, że zależy prawie wszystko, a może i wszystko.

Proszę przypomnieć sobie czasy młodości. Na pewno uczyliście się w szkole – liceum lub technikum, a może studiowaliście. Ciągłe egzaminy, zaliczenia, nerwy z powodu egzaminów. Pewnie wiecie, że najlepsze oceny zwykle dostają ci, którzy potrafią z wielką pewnością siebie, a nawet z lekką bezczelnością pleść najzwyklejsze bzdury. Wykładowcę, podobnie jak każdego człowieka, hipnotyzuje ta pewność siebie – jego świadomość reaguje następująco: „ponieważ jest tak pewny swego, to znaczy, że wie". Chociaż wiemy, że w rzeczywistości wcale tak nie jest. Najczęściej nie.

Tym niemniej – pewność siebie to gwarancja sukcesu. Jednak podczas egzaminów rzadko udało nam się stworzyć w sobie to uczucie na zamówienie. Chciałoby się być pewnym siebie – i nie udaje się. Czyż nie tak? Tak – w odniesieniu do zwykłych ludzi. U nich pewność pojawia się sama, przynosząc sukces. Potem, nie wiadomo dlaczego, nagle znika, a człowiek czuje się zupełnie bezsilny.

Gdy opanowaliśmy drugą część systemu DEIR, oczywiście doskonale zrozumieliśmy, że od pewności siebie zależy wszystko. Jeśli jej brak, wtedy nawet najprawdziwsze pragnienie, najlepszy plan, najszlachetniejszy poryw przepadną bez śladu – w naszym świecie nigdy nie dojdzie do ich realizacji. Ileż cudownych planów się nie ziściło tylko dlatego, że ich twórcom brakowało pewności siebie!

Pewność siebie – to głębokie uczucie, klucz do całości naszej istoty energoinformacyjnej. Jeśli je opanowaliśmy, nasza podświadomość pozwoli wyjść na powierzchnię wszystkim energoinformacyjnym rezerwom. To właśnie dzięki pewności zyskujemy siłę i moc.

Wy, moi uważni Czytelnicy, osiągnęliście to. Opanowaliście programy dotyczące pewności siebie i w ten sposób całkowicie odbudowaliście kontrolę nad sobą.

Od tej chwili uzyskaliśmy prawdziwą, pełną wolność. W pełni odrzuciliśmy działanie pasożytów energoinformacyjnych na nasz umysł i z powodzeniem pokonaliśmy wszystkie przeszkody wiążące się z brakiem kierowania nami z zewnątrz. Stało się tak dzięki temu, że z własnej woli odsunęliśmy od steru świadomości macki energoinformacyjnych potworów i sami zaczęliśmy kierować naszym rozumem.

Już samo to, drodzy Czytelnicy, wyróżnia nas spośród większości ludzi. Posiedliśmy całkowitą wolność. Oprócz siły i wolności, które przyniósł nam pierwszy stopień Dalszego Energoinformacyjnego Rozwoju, opanowaliśmy także kierowanie – a jest to osiągnięcie o wiele poważniejsze niż ukończenie razem szkoły i uniwersytetu!

Jednak w trakcie przyswajania sobie drugiego stopnia DEIR powstała konieczność uporania się jeszcze z dwoma problemami – z karmą i zdrowiem.

Zaczęliśmy od problemu karmy, jako najbardziej aktualnego problemu człowieka.

Jakież to zagadkowe słowo – karma... Wielu nas nim straszy. A na ile sposobów potrafi być wyjaśniane, ile powstało propozycji na temat naprawy karmy!...

Od razu nadmienię, że większość tych, którzy dzisiaj rozważają temat karmy, nie jest szczera. Teraz właśnie chcę powiedzieć Wam prawdę na ten temat, otworzyć oczy na prawdziwe przyczyny karmy. Wcześniej nie było sensu o tym mówić – nie byliście jeszcze gotowi. Dlatego na kartach drugiej części książki rozdział poświęcony karmie potraktowałem ogólnikowo. Teraz nadszedł czas, by problem zgłębić, by wyjaśnić, co na ten temat jest prawdą, a co fałszem. Mówić o tym przedtem było za wcześnie, a potem będzie za późno, gdyż właśnie teraz nieprawidłowe rozumienie karmy może nam bardzo zaszkodzić.

Zupełnie fałszywe jest przekonanie, że karma – to kara za grzechy. Błędem byłoby także sądzić, że karma jest rezultatem agresywnych działań otaczającego świata w stosunku do człowieka.

Prawdę na temat karmy podaje jej pierwsze źródło – Mahabharata – genialna praca powstała kilka tysięcy lat przed naszą erą. Po zapoznaniu się z tym dziełem nie będziecie już zależni od różnych objaśnień i interpretacji karmy.

Prawdziwa przyczyna karmy tkwi głęboko wewnątrz każdego człowieka. Badania przeprowadzone w USA dowodzą, że człowiek cierpiący z powodu karmicznych (tj. powtarzających się) zdarzeń, zupełnie samodzielnie wybiera swoją drogę, nie pojmując, że efektem wyboru będzie rozczarowanie. Takie pojęcie, jak „karma rodziny" nie istnieje i nie może tak być, że Wasza karma spowoduje cierpienia Waszych bliskich. Prawdziwa przyczyna leży w podświadomych, niekontrolowanych przez człowieka szczególnych cechach jego osobowości. W strukturze człowieka założony jest program, zgodnie z którym wykonuje on nie te działania, które mu są potrzebne. Program ten pochodzi od osoby, której dusza jest teraz w nim. Wykonujemy działania, które są zupełnie niepotrzebne i to doprowadza do pojawienia się poczucia winy. To jest właśnie jedyna przyczyna karmy (patrz: rys. **5a, b**).

Jak jednak nauczyć się niewykonywania niepotrzebnych poczynań? Jak ustrzec się przed niepożądanym postępowaniem? To już doskonale wiemy: powinniśmy po prostu sprawdzać prawdziwość naszych działań. Już to potrafimy. Jednak jest jeszcze jedna świetna podpowiedź pomagająca odróżniać właściwe postępki od niewłaściwych. Gdy robimy to, co jest niepotrzebne, zawsze w mniejszym lub większym stopniu doświadczamy poczucia winy. Czasem nie uświadamiamy sobie tego, a czasem próbujemy je zagłuszyć. Nie należy tego robić. Zawsze wsłuchujmy się w siebie: czy jest we mnie niejasne, mgliste poczucie winy? Jeśli jest, nie dokonujmy ruchu, który to doznanie powoduje.

Wszystko wygląda bardzo prosto: nie postępujmy tak, żeby doświadczać poczucia winy i w następnym życiu nie będziemy cierpieć z powodu karmy.

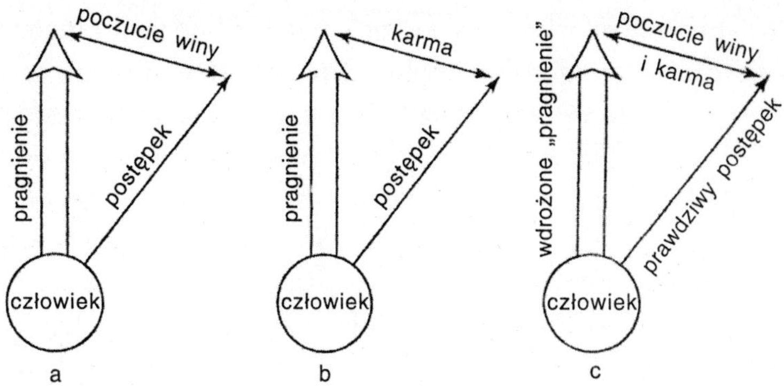

Rys. 5.
a. Niewłaściwa droga – postępek był pierwotny i fałszywy, przeczył pragnieniu i powodował poczucie winy. Program pozostał w duszy.
b. Następstwa programu poczucia winy. Pragnienie było pierwotne i prawdziwe, właściwe, a postępowanie – nie, więc doszło do nieszczęścia.
c. Wpojone, wmówione wyrzeczenie się swoich prawdziwych pragnień – na zasadzie sugestii. Obca moralność powoduje poczucie winy za swoje właściwe postępowanie. Program pozostał w duszy.

Istnieje, niestety, jeszcze jeden sposób, dzięki któremu możemy stworzyć w duszy taki program. Poczucie winy samo z siebie jest bardzo niebezpieczne. Jeśli będziemy go doświadczać z każdego powodu, odłoży się wtedy samo w matrycy naszej duszy w postaci oddzielnego programu (rys. **5c**). Należy więc niezwykle ostrożnie obchodzić się z ludźmi, którzy chcą, by w naszej duszy narodziło się poczucie winy; jednak nie należy ich się bać. Strach oznacza poddanie się, a poddanie się – to prosta droga do pogłębienia, spotęgowania trudności naszej karmy. Nie mamy powodu, by obawiać się takich ludzi. Nie mamy wewnętrznych podstaw, by doznawać poczucia winy. Cechuje nas przecież pewność siebie oraz świadomość, że postępujemy właściwie. Wobec tego raczej nikomu nie uda się narzucić nam poczucia winy.

Kto próbuje obarczyć nas poczuciem winy? Ludzie próbujący narzucić nam swoje normy moralne. Takim postępowaniem grzeszą też niejednokrotnie osoby dywagujące na temat karmy. Często chcą wpoić innym swoją moralność, by móc manipulować ich świadomością. Już Biblia mówi o niebezpieczeństwie dla duszy, wynikającym ze wskazówek fałszywych nauczycieli. Mnóstwo ludzi objaśniających karmę próbuje zaszczepić w świadomości czytelników czy słuchaczy poczucie winy oraz narzucić im swoje sztuczne, nienaturalne normy moralne (o takich manipulatorach oraz o zagrożeniach płynących z ich nauk w stosunku do człowieka wolnego opowiadać będzie rozdział „Szkoła" mojej następnej książki).

Zapamiętajcie, drodzy Czytelnicy, że Wasze normy moralne są tylko Waszą własnością stworzoną przez Waszą duszę, a w niej – przez Boga. Postępujcie tak, jak uważacie za właściwe, nikogo nie słuchajcie. Nikt nie ma prawa Was sądzić. Przypomnijmy sobie słowa Biblii: „Nie sądźcie, abyście nie byli sądzeni". Zrozumcie jej głęboki sens: jeśli nie sądzisz, że jest dobro i zło w odniesieniu do innych, jeśli idziesz za głosem serca, nie sądzisz i nie doświadczasz poczucia winy, to nawet Bóg nie będzie Cię sądził.

Po opanowaniu drugiego stopnia systemu DEIR zupełnie uwolniliśmy się od nieszczęść będących konsekwencją naszego poprzedniego życia – od tych programów, które były założone we wcześniejszych wcieleniach duszy. Najlepszy efekt uzyskali uczestniczy stacjonarnych kursów. Tam nauczyliśmy się przekładać karmiczne problemy na język podświadomości i słyszeć ten język, rozumieć go, choć nie ma tam słów. Usunęliśmy prawdziwą przyczynę karmicznych następstw – przedkarmiczny kompleks i w pełni pozbyliśmy się od śladu poprzedniego życia ściągającego nieszczęścia. Taka praca na kursach w porównaniu z samodzielną jest dziesięć razy bardziej skuteczna.

Popracowaliśmy także nad zdrowiem – na ile to w ogóle było możliwe z pomocą metod energetycznych. Najpierw nauczyliśmy się likwidować uczucie bólu i w ten sposób normalizowaliśmy odruchy tkankowe uczestniczące w procesie zapalnym, który powoduje rozwój funkcjonalnych zachorowań i postęp uszkodzeń organicznych. Następnie opanowaliśmy zasady analizy stanu swego organizmu, obserwując perystaltykę jelit, wyczuwając nerki i wątrobę, oskrzela i tkankę płucną, serce i moczowody. Poznaliśmy znakomitą metodę gromadzenia energii – post energetyczny. Wreszcie opanowaliśmy programy zdrowia – matryce energetyczne, które umożliwiają zachowanie zdrowego ciała i przeciwstawiają się rozwojowi chorób.

To bardzo dobrze, przecież jeden Bóg może zmieniać przejawioną realność, a my możemy tylko kierować procesami zachodzącymi w świecie. Najmniej traumatyczne sposoby pomocy swojemu zdrowiu – to metody energetyczne. Energoinformacyjne sposoby mogą pomóc w leczeniu chorób, jeśli są połączone z metodami dającymi najwięcej szans na sukces – z metodami medycyny konwencjonalnej. Kilkakrotnie podwyższają one szansę na pokonanie choroby!

Dzięki drugiemu stopniowi DEIR polepszyło się nasze zdrowie. Pozostało tylko zapoznać się z niektórymi sposobami zwiększającymi szansę na osiągnięcie swoich celów.

Tak, staliśmy się wolni i silni, wiele się już nauczyliśmy – jednak, mimo wszystko, w otoczeniu pozostały ogniska sprzeciwu wobec naszego doskonalenia się.

Mieliśmy tylko jedno wyjście: kontynuować osłabianie wpływu pasożytów energoinformacyjnych na ludzi po to, by osiągnąć najwyższą skuteczność podczas komunikowania się z nimi. Musieliśmy osiągnąć w stosunku do innych nowy poziom wzajemnego porozumienia, nauczyć się przekazywania swoich zamiarów i pragnień.

Przypominaliśmy pradawną istotę, naszego praprzodka, który wyszedł z morza na ląd i odkrył, że na lądzie są rośliny, i choć stoją na niższym poziomie ewolucji, ale za to pojawiły się na długo przed nim. Musiał więc nauczyć się korzystnie dla siebie urządzić środowisko, w którym przyszło mu żyć.

Rozpaczliwie potrzebowaliśmy trzeciego stopnia DEIR – Oddziaływania

Spośród wszystkich stopni DEIR ten opisany w trzeciej książce – Oddziaływanie – wzbudza najwięcej kontrowersji (a jednocześnie temu, kto przyswoił sobie jej treść, gwarantuje pierwszeństwo, wyższość nad innymi). Aby od razu rozprawić się z podstawową przyczyną sporów i obaw, przytoczę kilka słów na temat etyki człowieka wolnego.

Tak, moja trzecia książka opowiada o tym, jak programować ludzi, o pozasłownym oddziaływaniu na ich świadomość i myśli, o przekazaniu zamiarów i pragnień. Właśnie tego wielu się obawia. Dlaczego? Przeczytali w jakichś książkach, że to jest szkodliwe, że tak nie wolno, że to pogarsza karmę.

Istotnie, jak tu się nie przestraszyć! Czy można w celu programowania innych stosować subtelne energie, jeśli wszędzie napisano, że nie można? To przecież oznacza pogorszenie karmy!

Prawidłowa odpowiedź brzmi: można, a nawet trzeba. Poniżej przedstawię argumenty za tym przemawiające. Po pierwsze, nie obdarowano by nas takimi zdolnościami, jeśli byłoby to sprzeczne z prawami wszechświata. Jeśli zaś zdolności istnieją, to nierozwijanie ich oznacza niewypełnianie swego życiowego zadania. Po drugie, takie oddziaływanie zachodzi w stosunku do nas nieustannie, a człowiek powinien przeciwstawić się agresji organizmu społecznego. Po trzecie, jeśli wyrzekliśmy się swoich przywilejów, a one przydałyby się nam, to dokonaliśmy przestępstwa wobec wszystkich tych, którzy są nam drodzy – wobec bliskich i kochanych, o których powinniśmy się troszczyć. Po czwarte, jeśli postanowiliśmy czegoś nie zgłębiać dlatego, że ktoś nam powiedział „To źle", faktycznie podarowaliśmy część życia człowiekowi, który określił – zamiast nas samych – naszą życiową drogę.

Wszyscy, którzy uczestniczyli w praktycznych zajęciach naszej szkoły, rozumieją różnicę między wiedzą a jej wykorzystaniem. Wiedzy nie wolno utożsamiać z faktem bezmyślnego wykorzystywania jej na prawo i lewo. Wiedzę należy chronić w pamięci tak długo, aż nadejdzie czas jej właściwego wykorzystania. Teraz kilka słów wyjaśnienia.

Spójrzmy prawdzie w oczy. Przypomnijmy sobie Lenina, Gandhiego, Disraelego, Hitlera, Waszyngtona, Stalina, Cycerona. Czyż, Waszym zdaniem, oni nie programowali ludzi? Otóż programowali. Przypomnijcie sobie sprzedawcę jakiegoś zamorskiego panaceum, wciskającego nam swój towar. Czy myślicie, że nie chciał nas programować? Przecież on tylko to robi. Taką ma pracę! Przypomnijcie sobie jakiegoś znajomego bezustannie wpajającego wszystkim wokół swoje prawdy na temat dobra i zła. Jesteśmy otoczeni przez programowanie! Niestety, często nie jest to programowanie dobre.

Wybaczcie, ale wroga należy znać. Trzeba też umieć mówić jego językiem. Jeśli wszyscy nas programują, powinniśmy wiedzieć, jak to się robi. Powinniśmy umieć rozpoznać takie próby i umieć je unieszkodliwiać. W przeciwnym razie nie będziemy mogli współuczestniczyć w światowym ruchu na rzecz dobra – jak to czynić, jeżeli na świecie istnieją potwory w ludzkiej skórze, czyniące zło, a my nie potrafimy ich rozpoznać i unieszkodliwić?

Na czym polega zadanie człowieka oraz każdej żyjącej istoty? Polega na tym, by człowiek jak najpełniej realizował swoje możliwości i dzięki temu przynosił jak najwięcej korzyści sobie oraz bliskim, a dopiero później – wszystkim innym. Tylko wtedy można mówić o udanym życiu. Człowiek powinien wszystko poznać, zgłębić – i swoimi czynami określić, kim jest. Mamy możliwość wydostania się poza granicę swego ciała, urzeczywistniać, realizować bezpośredni kontakt między świadomościami! Czy powinniśmy sobie tego odmówić? Znacznie mniej bolesne byłoby wyrzeczenie się umiejętności mówienia!

Następny dowód jest bardzo prosty. Świat zmierza ku dobru, choć bardziej prawdziwe będzie stwierdzenie: próbuje zdążać ku dobru. Jednak w jaki sposób to dobro osiągnąć? W taki, że każdy będzie zajmował się sprawami wszystkich, czy w taki, że każdy zajmie się swoimi sprawami? Oczywiście, dobra jest ta druga droga, gdyż pierwsza prowadzi do stworzenia dla jednostki bezmyślnego czegoś na kształt mrowiska, w którym rządzi tylko ten, kto jest na górze – u władzy. Natura dała nam rodziców, małżonka, dzieci, przyjaciół. Do kogo należy troska o nich, jeśli nie do nas? Jeśli im powodzi się w życiu lepiej, lepiej jest także nam. Swoimi próbami bycia bardziej „oświeconymi, uświadomionymi" od tych, którzy dla osobistych korzyści namówili nas do wyrzeczenia się własnych przywilejów – zdradzamy bliskich, którzy są od nas zależni. Sam M. Bułhakow powiedział, że chaosu nie będzie, jeśli do tego nie dopuści każdy z osobna w swoim własnym domu. Podam przykład. Wiele dzieci umarło z głodu w czasie wojny domowej, ponieważ ich rodzice dobrowolnie oddali wszystko (lub nie ukryli tego, co niezbędne, by przeżyć) rosnącemu rakowi bolszewizmu. Pamiętajcie o tym.

I ostatni już dowód. Biblia mówi: „Nie stwórz sobie bałwana". Nakaz ten należy rozpatrywać nie tylko z pozycji wiary, ale także z czysto ludzkiego punktu widzenia. Bałwan – to człowiek próbujący kierować innymi za pomocą swej moralności i etyki. Nieprzypadkowo każda religijna sekta opiera się na moralno-etycznych postulatach wyjaśnianych osobiście przez jej założyciela. Obecnie istnieje mnóstwo ludzi głoszących, niczym namiestnicy Pana Boga na Ziemi, co można, a co jest zabronione, co jakoby psuło karmę i los.

Ponieważ posiadamy nowe energoinformacyjne rozumienie świata, potrafimy uzmysłowić sobie całe niebezpieczeństwo takiego, wydawać by się mogło, niewinnego pouczania na temat dobra i zła.

Człowiek – to nie tylko ciało, to istota energoinformacyjna. My – to przede wszystkim nasza świadomość – póki ona żyje, żyjemy także my. Nasza świadomość działa według wewnętrznych schematów, przede wszystkim – etyczno-moralnych, wykorzystując informację otrzymaną ze świata. Przecież wszyscy rozumiemy fakt, że męty – wyrzutki społeczne i święci, otrzymując taką samą informację o jakimś zdarzeniu, zachowują się zupełnie inaczej. Jeśli ulegliśmy cudzej hipnozie i dopuściliśmy do naszej świadomości obce, cudze etyczne zasady, jeśli to nie my je wypracowaliśmy w oparciu o własne postrzeganie świata, to utraciliśmy siebie. W mózgu rozkwita, wykorzystując informacje i siły życiowe, przypominający żerującego i zanieczyszczającego swoimi jajeczkami i rozmnażającego się robaka – zlepek obcych wyobrażeń o dobru i złu – żywy zlepek obcej

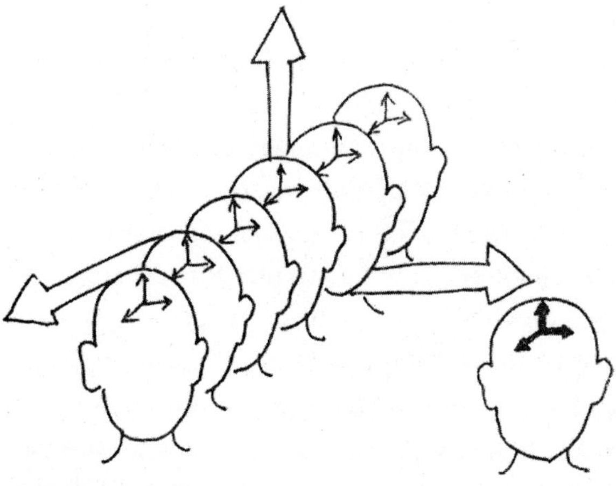

Rys. 6. Uzyskana świadomość, infekowana moralno-etycznymi nakazami założycieli sekt, rozprzestrzenianymi w mózgach wyznawców, jest w naszym mózgu tysiąckrotnie wzmocniona w sprzyjającym środowisku.

świadomości. Nie należy on do nas, ale do obcej świadomości. Pożera zasoby naszego mózgu i nasz czas.

Dlatego nigdy na zajęciach jednolitej szkoły systemu DEIR nie usłyszycie nawet jednego słowa na temat dobra i zła. Takie zachowanie byłoby nie w porządku względem naszych słuchaczy. Przecież wszyscy powinniśmy podejmować decyzje, kierując się wolnym wyborem, wyłącznie w oparciu o własne doświadczenie, i odczuciem Boga w sercu.

Trzeba znać wszystko, co oferuje świat, a w kwestii wyboru sposobu działania decydujący głos musi należeć do wolnej woli, w przeciwnym razie niemożliwa będzie ewolucja czy nawet niewielki postęp. Wszyscy powinniśmy żyć w taki sposób, by każde nasze postępowanie wypływało z prawdziwej, niekłamanej istoty, głębi, żebyśmy nie doświadczali poczucia winy. Wszystko inne wynika z obłudy.

Czytelnicy moich poprzednich książek niewątpliwie rozwiązali już ten problem. Teraz powinniśmy podać szczegóły trzeciego stopnia wszystkim tym, którzy od tej właśnie książki rozpoczynają zgłębianie DEIR.

Trzeci stopień DEIR daje niezwykłe możliwości, z których kiedyś mogły czerpać tylko jednostki.

Oto przykładowe standardowe ćwiczenie trzeciego stopnia systemu DEIR. Eksperyment przeprowadzają dwie osoby. Jedna siedzi przy stole, na którym znajduje się dziesięć najróżniejszych przedmiotów. Druga siedzi odwrócona plecami do stołu, nie myśląc o niczym szczególnym. Na polecenie pierwszej – druga powinna wziąć ze stołu jeden z dziesięciu przedmiotów – dowolny, jaki zechce.

Oto rezultat: pierwszy uczestnik kontroluje wybór drugiego – ten bierze ze stołu taki przedmiot, jaki mentalnie kazał wziąć mu pierwszy (wynik ćwiczeń na kursach w trzecim dniu: 11 udanych oddziaływań na 14 prób – na stole leżało 8 przedmiotów. Zawodowcy pracujący taką techniką mają zaledwie 2 – 3 nieudane próby na sto).

Cuda? Jeśli tak, są to cuda, których każdy może nauczyć się na naszych kursach. Ważniejsza jest inna kwestia – przecież czytelnicy z łatwością potrafią podsłuchać myśli innych ludzi, odgadnąć, o jaki przedmiot chodzi. Nawet nie jest to dla nich już takie ciekawe. Trudność polega na tym, że człowiek nie „podsłuchuje", ale po prostu bierze przedmiot. Osoba wyszkolona może nawet „prowadzić" niewyszkoloną, podpowiadając jej decyzje. Powiedzmy jednak otwarcie, jeśli drugi stopień przeszliśmy pomyślnie, taka potrzeba powstaje stosunkowo rzadko, ponieważ nawyki te warto stosować wyłącznie wtedy, gdy mamy do czynienia z ludźmi bezwzględnie sterowanymi przez pasożyty energoinformacyjne. A tacy ludzie stanowią zaledwie 5% naszego społeczeństwa.

Takich przykładów podczas studiowania trzeciego stopnia jest mnóstwo. Powiem jednak więcej, wskazując na jeszcze jeden ważny moment. W procesie opanowania techniki trzeciego stopnia umysły ludzi otwierają się na wzajemne spotkania. Zaczynamy komunikować się na nowym poziomie, niedostępnym dla innych. Możemy odtąd czuć się nawzajem. Osoby, które opanowały trzeci stopień, zaczynają wymieniać się informacjami bezpośrednio – wykorzystując świadomość, a pomijając słowa.

W trakcie studiowania trzeciego stopnia zbadaliśmy mechanizm myślenia człowieka. Wszyscy kursanci pamiętają klasyczny łańcuszek schematycznie odzwierciedlający mechanizm procesu myślenia: usłyszał – zrozumiał – wytyczył (obrał) – rozpatrzył – elementarne pragnienie – bodziec startowy. Opanowali wiele nawyków: nauczyli się czasowo odcinać sterowanego przez pasożyty energoinformacyjne człowieka od energoinformacyjnych kierujących nim macek, uwalniając go, powodując, że na pewien czas stawał się niepodatny na wpływy zewnętrzne, zmuszając go, by świadomie otworzył się na nowe idee i informacje przychodzące z obiektywnego świata, a nie od energoinformacyjnych pasożytów.

Odkryliśmy, w jaki sposób ogniskować swój centralny, wschodzący strumień, by dzięki temu móc wtargnąć do świadomości człowieka, niszcząc, nasilając lub hamując tworzące się tam idee, w tym także te pochodzące od pasożytów energoinformacyjnych i powstrzymywać go przed nierozważnymi krokami.

Nauczyliśmy się przekazywać i pochłaniać bodziec startowy, uruchamiający procesy ludzkiego myślenia i działania.

Potrafimy też „słyszeć" zamiary, zamysły innego człowieka oraz przekazywać mu swoje – właśnie zamiary, a nie obraz, ponieważ obrazy kłamią.

Dowiedzieliśmy się, jak poczuć pragnienie innego człowieka i jak przekazać mu swoje pragnienie.

Krótko mówiąc, nauczyliśmy się swobodnie przekazywać informację ze świadomości do świadomości, pomijając słowa, a nawet myśli.

Zrobiliśmy to wszystko i rozejrzeliśmy się wokół. Jesteśmy naprawdę wolni, nawet w sferze socjalnej możemy prawie wszystko.

Nasz los w tym czasie uległ zmianie. Wielu znalazło inną, lepszą pracę, u wielu życie osobiste zaczęło się harmonijnie rozwijać. Okazało się, że na naszej drodze nie ma już żadnych przeszkód.

Przed nami rzeczywiście ich nie ma. Ale wewnątrz nas... Tak, teraz powinniśmy kontynuować pracę nad przekształceniem siebie od wewnątrz.

Dlatego okazał się niezbędny czwarty stopień systemu DEIR.

Czwarty stopień spowodował, że staliśmy się nowymi istotami

Zrozumieliście już, jak ważny był ten stopień. To właśnie w trakcie jego zgłębiania staliśmy się – ni mniej, ni więcej – zupełnie nowymi istotami.

Z jakimi problemami zetknęliśmy się, że czwarty stopień – opisany w książce pt. „Dojrzałość" – okazał się potrzebny? Wszyscy, którzy przeczytali poprzednie książki i jeszcze mogli uczestniczyć w kursach, doskonale wszystko pamiętają: stanęła przed nami przeszkoda w postaci energetycznej informacji ciała.

W poprzednim swoim stanie nie odpowiadaliśmy tym energetycznym poziomom, które zaczęliśmy osiągać. Po prostu ciało nie wytrzymywało takiej potężnej energetyki! Jego możliwości były niewystarczające dla danego etapu – trudno było w pełni się realizować, otrzymywać dostęp do intuicyjnych danych, a nawet podtrzymywać zdrowie. Ogólnie mówiąc, mieliśmy do czynienia z problemem własnej ograniczoności. Jest to także problem pozostałych ludzi, jednak oni tego nie rozumieją. My doroślismy do tego, by to pojąć. Ten, kto dorósł, kto przyznał się do swojej własnej ograniczoności, ma szansę ją pokonać i pójść dalej.

I poszliśmy dalej. Zrozumieliśmy przyczyny naszych ograniczeń. Tkwią one w braku zwartości zwykłego człowieka. Wszystkie jego „części składowe" są rozdzielone, odosobnione. Istnieje ciało eteryczne, jest ono mocno związane z ciałem fizycznym, ale już z duszą – nie. Istnieje dusza – źródło twórczości, ale świadomość nie uświadamia jej sobie, a ciało – nie odczuwa. Istnieje świadomość, jednak jest ona oderwana od duszy oraz ciała eterycznego i zależy wyłącznie od życia ciała fizycznego – umiera wraz z nim.

Świadomość, dusza i ciało eteryczne nie były połączone w jedną całość. Dlatego ciało było słabe, dusza nieświadoma, świadomość zaś – śmiertelna. Mimo że dusza jest nieśmiertelna, po śmierci zapominała o sobie. Błądziła gdzieś w subtelnych światach w stanie nieświadomości.

Jednocząc duszę, ciało eteryczne i świadomość, stajemy się naprawdę nieśmiertelni. Stajemy się twórczymi, uduchowionymi ludźmi o wspaniałej intuicji i zdrowym, zwinnym ciele.

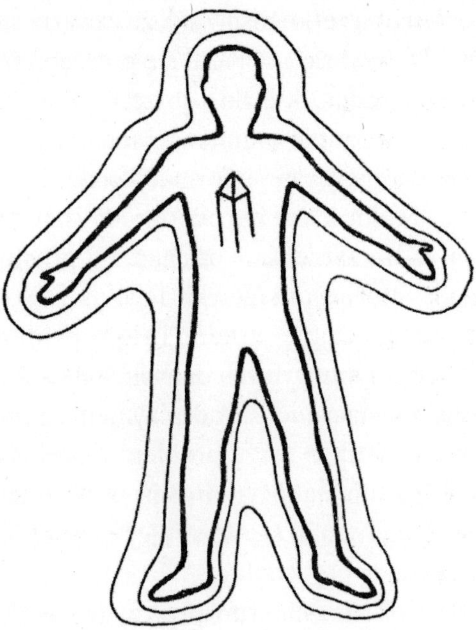

Rys. 7. Człowiek ma mnóstwo ciał, ale dusza jest tylko jedna.

Bardzo dużo pracowaliśmy, ale i osiągnęliśmy bardzo dużo.

Dowiedzieliśmy się, czym jest uczucie „ja jestem". Nauczyliśmy się znajdować je w sobie. Już wiemy i odczuwamy, co to takiego. Wiemy, że odkrycie tego uczucia nie jest równoznaczne z „wyobrażeniem sobie w głowie kuli" (coś takiego słyszałem z ust niektórych, niemających racji, ludzi). Uczucie „ja jestem" jest właśnie odczuciem, a nie widzialnym obrazem. Jest ono niezależne od mechanizmów świadomości, od jej logiki i obrazowej percepcji. Opanowaliśmy nawyk przesunięcia tego odczucia we wszystkie trzy przestrzenie dostępne człowiekowi: na przestrzeń obiektywnej realności, przestrzeń subiektywnej realności oraz na przestrzeń duszy – na wewnętrzną wirtualną przestrzeń. Możemy wgrać się tym uczuciem w swoją twórczą strefę: wielu ludzi po tych doznaniach zaczęło malować, wielu z łatwością uczyło się języków obcych. Możemy być gościem świadomości istoty innej niż człowiek: np. kota czy psa. Spowodowaliśmy, że nasza świadomość równa się kilku dziesiątkom świadomości istniejących jednocześnie.

A najważniejsze – zmusiliśmy naszą podświadomość, by odkryła i uznała swoją duszę oraz by zjednoczyła się z nią, zlała z nią w jedną całość.

Rozszczepiliśmy swoje uczucie „ja jestem" na dwie składowe, umieszczając je w punktach wejścia centralnych strumieni, w energetycznym płomieniu ukształtowanym przez nasze skrajnie położone czakry, sahasrarę i muladharę. Dzięki temu zyskaliśmy prawdzi-

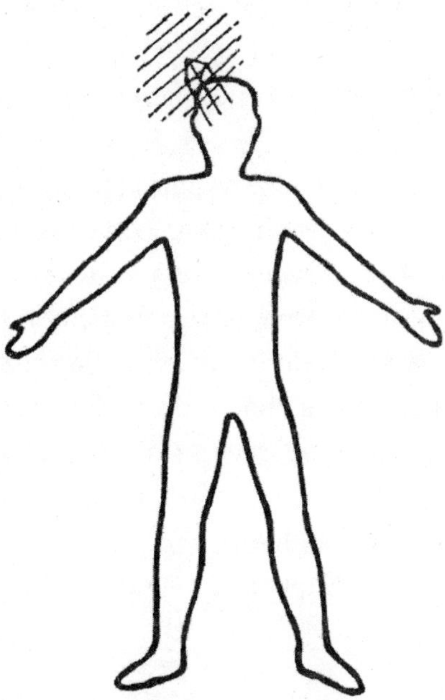

Rys. 8. Ciało eteryczne, świadomość i dusza – tylko ich połączenie umożliwi nieśmiertelność.

wy dostęp do energii centralnych strumieni i mogliśmy zagłuszyć nieuporządkowaną „paplaninę" myśli oraz włączyć na pełną moc głos intuicji.

Wreszcie zakończyliśmy zjednoczenie, zespolenie, zmusiwszy nasze skrajne czakry do rozpuszczenia się w ciele eterycznym. To doprowadziło nas do pełnej wolności – przecież teraz nasze ciało eteryczne ma w sobie świadomość i duszę, a także, mimo wszystko, nie zależy od ciała fizycznego!

Jest to stan stabilny i niezawodny. Daje energię, intuicję i twórcze siły. Czegóż można byłoby sobie jeszcze życzyć?

Mimo wszystko powinniśmy mieć jeszcze kilka życzeń.

Istnieje jeszcze coś, czego poważnie nie rozważyliśmy. Tak, całkowicie wyrwaliśmy się z sieci, którą spętana jest ludzkość. Niestraszne nam są już ani pasożyty energoinformacyjne, ani własna niedoskonałość.

I nagle teraz, gdy mamy czyste, niczym niezmącone spojrzenie, zobaczyliśmy Świat.

Popatrzyliśmy w niebo bez wypaczających wzrok zamglonych okularów, które nosi większość ludzi. Zobaczyliśmy wspaniały, majestatyczny proces wewnętrznego życia Wszechświata.

I oto stoimy skonfundowani, porażeni niebywałym widowiskiem. Widzimy Wszechświat – ciało świata. Czujemy bezgraniczną, tajemniczą siłę drzemiącą w tym ciele – duszę Świata. Gotowi jesteśmy do tego, by wyciągnąć do niej ręce – do wiecznej, zagadkowej duszy Świata.

Tej, którą nazywamy Bogiem.

Dotknięcie tego, co Najwyższe... Oto, dlaczego potrzebny jest nam piąty stopień DEIR.

ROZDZIAŁ 2.

DOŚWIADCZENIE, WŁADZA I SIŁY WYŻSZE

Światowe prądy

Prawdziwy Wszechświat nieprawdopodobnie wprost różni się od świata pasożytów energoinformacyjnych, czyli tego, do którego przywykliśmy od dzieciństwa. Cały Wszechświat znajduje się w ciągłym ruchu. Żyje. Żyje w dosłownym znaczeniu tego słowa: posiada nie tylko siłę, ale i świadomość. We Wszechświecie nieustannie zachodzą procesy na ogromną skalę. Nie możemy zobaczyć ich w całości, uświadomić ich sobie w pełni – stykamy się tylko z echem tych procesów. Widzimy, że wiatr wiał, a później ucichł. Oto na Słońcu pojawiły się plamy, a potem zniknęły. Kość do gry raz pokazała żądaną ilość oczek, a raz – nie. Oto ten sopel spadł z dachu wprost na czyjąś głowę, a tamten obok. Wszystko to wydaje nam się zupełnie przypadkowe.

Ale teraz już wiemy, że nie ma przypadków. Przypadek to nic innego, jak nierozpoznana prawidłowość. Dotknięcie Światowych Prądów umożliwiło nam, choćby częściowo, poznanie tych prawidłowości.

Poznając je, odkryliśmy, że istnieją dwa rodzaje „przypadkowych" zbiegów okoliczności. Pierwsze z nich – to zbiegi okoliczności organizowane przez pasożyty energoinformacyjne. Drugie – to zbiegi okoliczności usankcjonowane Światowymi Prądami.

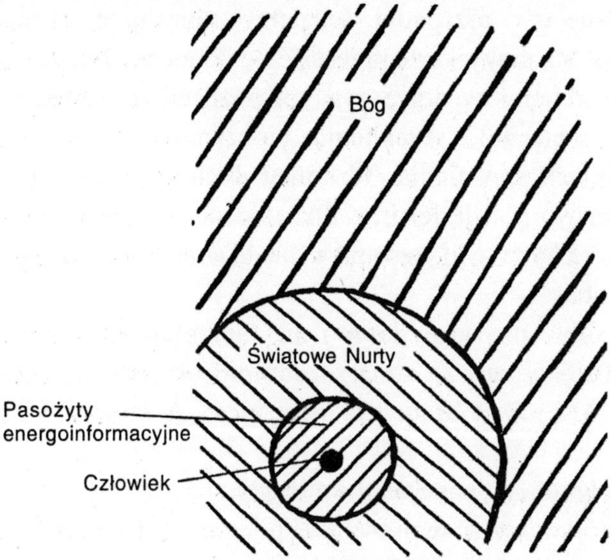

Rys. 9. Ludzkość spowita mgłą pasożytów energoinformacyjnych, tylko nic nieznaczący pyłek w oceanie Światowych Nurtów, nad którymi znajduje się Bóg.

W jaki sposób odróżnić jedno od drugiego? Mówiliśmy już wielokrotnie o tym, jak owe pasożyty podrzucają nam różne *wabiki, przynęty*. Energoinformacyjny pasożyt chce jak najwięcej ludzi wysłać na wojnę – sprawi, że służba wojskowa stanie się bardzo atrakcyjna. Zacznie kierować do szkół wojskowych najbardziej uległych, podatnych ludzi, a tych z odpowiednimi skłonnościami – do zakładów opracowujących i produkujących broń. W życiu tych ludzi pojawią się osoby, które wszystko tak zorganizują, jak to jest potrzebne pasożytowi. Ludzie będą cieszyć się z możliwości takiej pracy: wysokie zarobki, prestiż – to się nazywa szczęśliwy traf! Nie zastanowią się nad tym, jak bardzo przyjdzie im zapłacić za ten „traf", szczęśliwy przypadek. Przecież zagłuszyli w duszy poczucie winy – żyli przeciwko sobie, nakładając na siebie najcięższą karmę.

Są także inne tzw. przypadki. Jedziemy tramwajem do pracy. Spóźniamy się. Musimy jeszcze przesiąść się do metra. Nagle tramwaj jadący przed nami wypada z szyn. Nie pozostaje nic innego, jak wysiąść i iść na piechotę, przeklinając na czym świat stoi, myśląc o konsekwencjach spóźnienia. W końcu dochodzimy do metra. Widzimy mnóstwo policji, lekarzy. Okazuje się, że dziesięć minut temu coś tam się wydarzyło, nastąpił wybuch, a może coś innego. Są ofiary, wiele ofiar.

Teraz już sobie nie wymyślamy i nie lamentujemy z powodu spóźnienia. Dziękujemy, że awaria tramwaju okazała się dla nas szczęśliwa. Może nawet uratowała nam życie. A mogło być inaczej.

Tak oto wpływają na nas Światowe Prądy.

W jaki sposób odróżnić tę prawdziwą pomoc od „pomocy" pasożytów energoinformacyjnych? Bardzo łatwo. Gdy „pomagają" nam pasożyty, oddziaływanie odbywa się za pośrednictwem ludzi. To oni agitują, namawiają, by postąpić tak, a nie inaczej. A my wahamy się, wątpimy, doświadczamy poczucia winy... Jeśli zagłuszamy w sobie te odczucia, stajemy się ofiarą pasożytów. Jeśli natomiast dobrze słyszymy samych siebie, swoją duszę, z łatwością odmówimy lub przyjmiemy propozycję.

Jeśli mamy do czynienia ze Światowymi Prądami, okoliczności tworzone są nie przez innych ludzi, ale układają się jakby same z siebie. W tych zbiegach okoliczności działają ludzie, jednak w żaden sposób nie starają się na nas wpływać i oddziaływać, po prostu zachowują się jak zwyczajni uczestnicy wydarzeń. Światowe Prądy – to rozłożenie okoliczności wokół nas, zbiegi przypadkowych zdarzeń, wszystko to, co w żaden sposób nie zależy od ludzi.

Energoinformacyjne pasożyty wszelkimi sposobami chcą narzucić swoją wolę, wpływając na nas w jedyny możliwy dla nich sposób – poprzez ludzi. Właśnie tak manipulują naszą świadomością. Światowe Prądy są zupełnie inne. Nie włączają ludzi w mechanizm swego działania. Przecież zwyczajny człowiek jest dla nich zbyt błahy, mało znaczący. Po prostu go nie zauważają. Nie mogą więc go zaangażować w swoje plany.

Zewnętrzne procesy Wszechświata nie narzucają swojej woli. Tworzą lub nie możliwości realizacji naszych pragnień.

Podam przykład. Młody człowiek chce się żenić. Opiekuńcze cioteczki lub inni powinowaci czy znajomi zaczynają swatać z nim różne panny. Jemu nie podoba się ani pierwsza, ani druga, ani trzecia... Jednak żenić się trzeba. Wreszcie młodzieniec żeni się z jedną z panien sprowadzonych przez ciotki, choć nie jest przekonany do swego wyboru. Okoliczności układają się tak, że po weselu młodzieniec przeprowadza się do żony, a tam czeka go prawdziwa Sodoma i Gomora. W jednym mieszkaniu mnóstwo osób, a każda z nich ma obrzydliwy charakter. Teściowa codziennie urządza awan-

Rys. 10. Zwyczajny człowiek w labiryncie zdarzeń – energoinformacyjne pasożyty wyznaczają jego drogę, natomiast ściany labiryntu tworzone są przez Światowe Prądy.

tury, jakby chciała zięcia zabić. A pasożyt energoinformacyjny do woli może żywić się powstałą negatywną energią i dosłownie chłepcze krew nieszczęśliwego młodego męża.

Zbieg okoliczności stworzono sztucznie – zrobiły to troskliwe cioteczki. To wyraźna oznaka oddziaływania energoinformacyjnego pasożyta.

Oto drugi wariant tych samych wydarzeń. Młody człowiek nie jest tak słaby i infantylny jak w pierwszym przypadku. Odprawia wszystkie ciotki i kumoszki wraz z narzeczonymi – brzydulami. Po prostu żyje dalej. Pewnego razu wychodzi na ulicę, a tam, przy samochodzie, który nagle się zepsuł, spotyka swoją przyszłą żonę. Żyją razem długo i szczęśliwie.

Zbieg okoliczności powstał sam, pomogła w tym tylko awaria samochodu. Oczywisty przypadek – to przejaw Światowych Prądów.

Co robić, jeśli Światowe Prądy są przeszkodą w naszym rozwoju? Przede wszystkim powinniśmy wiedzieć, że z jakichś przyczyn weszliśmy z nimi w konflikt. Właściwie nie jest to od razu konflikt... Po prostu próbujemy płynąć pod prąd.

Od razu pragnę uprzedzić: w tym wypadku nie pomogą metody drugiego stopnia DEIR!

Jak zapewne pamiętacie, metody te nastawione są na to, żebyśmy sami mogli tworzyć pomyślne zbiegi okoliczności, sami programowali się na powodzenie i sukces, żeby włączać obrane cele do podświadomości, która sama poprowadzi nas tam, gdzie należy, wykorzystując wszystkie możliwości otaczającego świata.

Czasami jednak bywa tak, że ze wszystkich sił programujemy się na powodzenie, próbujemy skierować swą podświadomość na właściwą drogę, a jednak nie powstają możliwości potrzebne do realizacji celu. Co się stało? Okoliczności okazały się silniejsze! Wtedy musimy ustąpić. Głową muru nie przebijemy. Jeśli nie zadziałały metody drugiego stopnia, oznacza to tylko jedno – na naszej drodze stanęły Światowe Prądy, w które nie potrafimy się wpisać. To one nie pozwalają urzeczywistnić celu. Nasze cele wchodzą w konflikt ze Światowymi Prądami!

Światowe Prądy są wszędzie. Wypełniają cały świat. Ludziom objawiają się w postaci prawdopodobnych zdarzeń otaczającego świata.

Nowy stopień – nowe potrzeby

Ludzie nie znają prawidłowości, reguł, według których istnieją Światowe Prądy i dlatego wymyślili teorię prawdopodobieństwa. Myślą, że istnieją reguły w samym prawdopodobieństwie pojawienia się tych czy innych zdarzeń!

Jednak oceniają tylko to, co zewnętrzne, pośrednie następstwa ruchu Prądów – swego rodzaju ich echo. Nie jest nam dane zupełne poznanie prawdziwych reguł, prawidłowości. Przecież nie znamy ani przyczyn, ani następstw Światowych Prądów.

A jednak możemy odnaleźć sens w wydarzeniach, które wydają się przypadkowe. Dzięki czemu jest to możliwe? Dzięki temu, że cały wszechświat jest żywy, że posiada świadomość. Światowe Prądy też ją posiadają. Oczywiście, jest to świadomość o tryliony razy bardziej złożona od ludzkiej. Mimo wszystko ludzka świadomość, jako cząsteczka, atom globalnej świadomości niewątpliwie ma z tą świadomością wiele wspólnego. Mają taką samą naturę! A to oznacza istnienie pewnych punktów stycznych. Możemy analizować przypadki i wybrać spośród nich swoją drogę.

Oczywiście, nie każda ludzka świadomość może dorosnąć do takiego rozumienia tej kwestii. Jednak świadomość osoby rozwiniętej, wkraczającej na nowy poziom ewolucji, jest gotowa na to, by dotknąć reguł Światowych Prądów. Nasza świadomość już osiągnęła odpowiedni etap rozwoju. Świadomość zwykłych ludzi przypomina przestarzałe radioodbiorniki odbierające (i to z trudem) tylko jedną falę o niskiej częstotliwości. W rezultacie tacy ludzie mogą dotknąć swoją świadomością tylko kuchennych intryg czy cen kiełbasy. Świadomość człowieka rozwiniętego jest podobna do najnowocześniejszego, superczułego odbiornika radiowego, zdolnego nastrajać się na mnóstwo fal o najróżniejszych zakresach, potrafiącego wyławiać najsubtelniejsze sygnały o najwyższej częstotliwości. Dlatego jesteśmy w stanie sięgnąć świadomością do poziomu Światowych Prądów.

To nic, że może nie w pełni rozumiemy wszystkie prawa, reguły Prądów. Przecież nie wszyscy spośród nas znają wewnętrzną budowę telewizora, ale wiedzą, jak z niego korzystać. Wystarczy zapa-

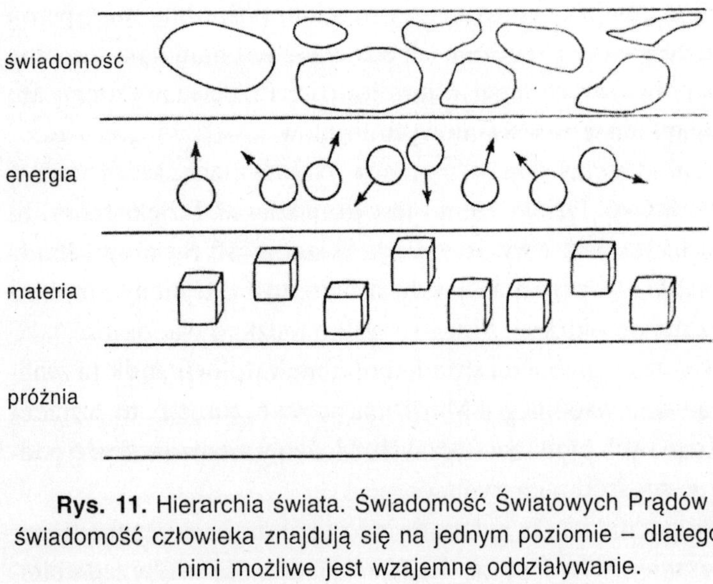

Rys. 11. Hierarchia świata. Świadomość Światowych Prądów oraz świadomość człowieka znajdują się na jednym poziomie – dlatego między nimi możliwe jest wzajemne oddziaływanie.

miętać, jakie przyciski nacisnąć, nieistotne jest dla nas to, w jaki sposób telewizor działa. Najważniejsze, by włączyć go na odpowiedni kanał i by pokazywał żądany obraz. Nie nasza sprawa, jak to się dzieje z technicznego punktu widzenia. Dla nas istotny jest rezultat.

Mniej więcej taka sama zasada leży u podstaw pracy ze Światowymi Prądami. Nie nam dane jest rozpatrywać detale i subtelności mechanizmów wyższych procesów. Nasze zadanie polega na tym, by wpisać się w te procesy i osiągnąć rezultat.

Jeśli się zastanowić, można zrozumieć, że w rzeczywistości przez całe życie próbujemy analizować wydarzenia zewnętrzne, doszukując się w nich prawidłowości. Widzimy, że z nieba pada kropla deszczu. To zdarzenie jest dla nas przypadkowe. Jednak możemy obliczyć, gdzie ona upadnie. A to już jest zdarzenie predestynowane – przewidywalne. Z łatwością także domyślimy się, co ta kropla będzie oznaczać dla nas. Jeśli zaplanowaliśmy w tym dniu piknik, to wyjazd za miasto nie będzie należał do udanych. Może będziemy musieli zrezygnować z imprezy i zostać w domu.

Nie odgadniemy natomiast tego, na co wszechświatowi przyda się ta kropla, co spowodowało opady i jakie wynikają z tego następstwa na wyższych poziomach istnienia.

Możemy jednak zrozumieć, w jaki sposób to wydarzenie odbije się na nas, na naszym ziemskim życiu. Możemy też wcześniej przewidzieć, jaką drogę obrać. Wziąć parasol czy go nie brać. Jechać na piknik czy zostać w domu.

Ponieważ nie znamy przyczyn i następstw „przypadkowych" zdarzeń, musimy nauczyć się w nich orientować. Należy nauczyć się płynąć z prądem lub przewidzieć, kiedy będziemy poruszać się pod prąd.

Możemy poznać, do czego doprowadzą wydarzenia zachodzące wokół nas. Możemy wcześniej wiedzieć, jaka droga stoi przed nami otworem, a jaka jest przed nami zamknięta – możemy więc w odpowiedni sposób zadziałać.

To pierwsza nasza potrzeba po przejściu czwartego stopnia systemu DEIR – musimy nauczyć się żyć w wielkim świecie jak człowiek widzący, nie jak nieszczęsny ślepiec. Musimy opanować pierwszy etap – zebrać doświadczenie.

Druga potrzeba jest jeszcze bardziej interesująca. To potrzeba zmieniania prawdopodobieństwa wydarzeń.

Czy to fantazja? Już w dzieciństwie wszyscy marzą o tym, by czynić cuda, zmienić okoliczności na swoją korzyść – jak za dotknięciem czarodziejskiej różdżki.

Oczywiście, z punktu widzenia tradycyjnych poglądów na człowieka jest to niemożliwe. Cuda zdarzają się tylko w bajkach dla dzieci. Jednak doskonale wiemy, że bajki nie rodzą się z próżni. Odzwierciedlają inną, ukrytą, niewidoczną dla oczu zwykłego śmiertelnika realność. Dla wszystkich, którzy znają prawa świata, cuda, fantazje i bajki są tylko jednym ze sposobów odbicia realności. Bardzo szybko przekonacie się, że ta realność jest możliwa także dla Was.

Nie na darmo Biblia mówi, że człowiek został stworzony na obraz i podobieństwo Boga. Człowiek dorastający do percepcji Najwyższego odkrywa Boga w sobie. Nieprzypadkowo wszystkie religie utrzymują, że Bóg jest wewnątrz nas. Jednak zwykły człowiek tego nie pojmuje. To może zrozumieć i odczuć tylko ten, kto dorósł do nowego, ewolucyjnego poziomu i odczuł swoją jedność z całym Wszechświatem i Boskością.

Człowiek, który odkrył w sobie właściwości Najwyższego, ma Jego przymioty – może być twórcą, kształtować coś nowego wokół siebie: nowe życie, nowe okoliczności, nowe „przypadki".

Czyż można nie chcieć wykorzystać takiej możliwości? Czyżby przyjemniej, lepiej było być szeregowym, pasywnym, medytującym człowiekiem? To absolutnie nie jest właściwe naturze człowieka. Nie dla nas bycie „Bożym niewolnikiem". Jesteśmy współtwórcami.

Zdolność oddziaływania na świat zakodowana jest w każdym człowieku od chwili narodzin. Jednak ludzie skupieni wokół nas, a przede wszystkim ci, którzy nas wychowują, myślą, że to niemożliwe, więc zdolności te u większości pozostają uśpione. Człowiek sam nie wierzy, że jest to możliwe, a jeśli nie wierzy, wtedy, naturalnie, nie może nic zrobić. Żeby odrodzić w sobie tę wewnętrzną zdolność, potrzeba samodyscypliny, wiary w siebie oraz konsekwencji w kroczeniu na drodze samodoskonalenia się i rozwoju. Właśnie po to przeszliśmy już cztery stopnie systemu DEIR!

Zrobiliście już wszystko to, co niezbędne, by przejawiły się Wasze zdolności do czynienia cudów, a raczej do tego, co ludzie nazywają cudami. Wkrótce takie rzeczy zaczniecie traktować jak coś zwykłego, staną się codziennością Waszego życia.

Czy kiedykolwiek rozmyślaliście nad tym, czym jest magia? Cóż, pewnie przypominają się historie o złych czarownikach, czarnoksiężnikach i czarodziejach? A może już wyrośliście z tych głupich, pierwotnych wyobrażeń o magii, charakterystycznych dla zwykłych ludzi? Mam nadzieję, że tak się stało.

Czym jest to, co w ciągu wieków nazywano magią? W rzeczywistości są to środki oddziaływania na świat wokół. Ludzie dawno temu wymyślili magiczne rytuały, używali także innych sposobów. A czymże jest modlitwa, jak nie środkiem oddziaływania na otaczający świat? Istnieją także inne środki, nawiasem mówiąc, znane od niepamiętnych czasów (choć nazywały się inaczej), np. metody wizualizacji. Wtedy za sprawą określonej procedury człowiek programuje przyszłe wydarzenie, unaoczniając je i emocjonalnie wyobrażając je sobie tak, jakby miało już miejsce. Jeśli pewne warunki zostaną spełnione, to wydarzenie na pewno się zmaterializuje.

Spójrzmy na jeden tylko przykład – prądawny obrzęd przywołania deszczu! Przecież z powodzeniem praktykowali go zarówno mieszkańcy Afryki, jak i rosyjscy chłopi. Przed chwilą mówiliśmy o tym, że zachowanie się kropli deszczu jeszcze jakoś udaje nam się przewidzieć. A jeśli byśmy chcieli zapobiec upadkowi tej kropli? Czy będzie to cud? Taki cud od dawien dawna potrafiło robić mnóstwo ludzi w różnych punktach naszej planety. A cudem pozostaje tylko dlatego, że oficjalna nauka w żaden sposób nie chce uznać takich rzeczy za realne, choć przecież są oczywiste.

O tym opowiemy innym razem. Teraz wróćmy do metod zmiany „przypadkowych" zbiegów okoliczności. Istnieje mnóstwo takich metod, wiele z nich działa z powodzeniem. Zwróćmy jednak uwagę, że funkcjonują tylko wtedy, gdy prawidłowo dobierzemy do nich „kluczyk". Jeśli zwykłemu człowiekowi zaoferowalibyśmy wspaniałą technikę wizualizacji, najlepszy rytuał magiczny – on, mimo wszystko, nic z tym nie zrobi, nic nie osiągnie. Dlaczego? Bo praca tymi metodami zakończy się sukcesem, jeśli zostanie spełniony jeden bardzo ważny warunek. Potrzebna jest wiara.

Od razu wyjaśnię, że to pojęcie nie ma dla mnie żadnego religijnego charakteru. Wiara, o której mówimy, nie jest wiarą w coś lub w kogoś. To logicznie nieokreślone uczucie – po prostu uczucie wiary. Jest to coś na kształt stałego duchowego zapału, uniesienia, entuzjazmu.

Wiara – to najbardziej dokładne określenie. Uczucie wiary – to właśnie iskra dana człowiekowi przez Najwyższego. Uczucie wiary jest tym, co pozwala człowiekowi tworzyć, interweniować w ruch świata, wnosząc do niego swoją małą cegiełkę.

Jak widzimy, takie pojęcie wiary nie ma nic wspólnego z religijnymi dogmatami.

Zastanówmy się nad tym, jak racjonalnie urządzony jest wewnętrzny świat człowieka. Jest w nas mnóstwo uczuć, właściwości, szczególnych cech charakteru. Wszystkie są spowodowane ewolucją. Przykładowo – istnieje uczucie głodu. W sposób całkowicie naturalny pcha ono człowieka do walki o przeżycie, a więc także do rozwoju określonych cech. Kto zdobędzie jedzenie, przeżyje. A zdobędzie pokarm ten, kto jest silniejszy, mądrzejszy, szybszy, bardziej pojętny, sprytny itd. W taki sposób mamy do czynienia z doskonaleniem się gatunku.

Istnieje uczucie miłości. Bez niego ludzkość nie widziałaby potrzeby w przedłużaniu gatunku. Po co to czynić, jeśli jest to nudne, przygnębiające i nie przynosi żadnej radości? Tylko uczucie miłości stanowi niezbędny bodziec do przedłużania gatunku.

Jest także uczucie strachu – naturalna reakcja organizmu na niebezpieczeństwo. W stanie strachu organizm mobilizuje się (pod warunkiem, że nie jest to strach patologiczny, który paraliżuje) i działa najbardziej efektywnie, stosownie do okoliczności itd.

Wszystkie ludzkie uczucia, jeśli tylko nie przekraczają granicy patologii, są korzystne z punktu widzenia ewolucji i sprzyjają przeżyciu.

Jakie miejsce w tym układzie zajmuje uczucie wiary? Cóż ono daje? Na pierwszy rzut oka wydaje się nie tylko bezużyteczne, ale i szkodliwe. Może się okazać, że zupełnie nie sprzyja przeżyciu!

Tym niemniej uczucie wiary zachowało się w człowieku, trwa w nim od pokoleń. Nie bacząc na, wydawać by się mogło, bezużyteczność wiary, a nawet jej szkodliwość, człowiek nosił ją w sobie od czasów pierwotnych po współczesność. To uczucie nie umarło, niczym niepotrzebny przejaw atawizmu.

Dlaczego? Popatrzcie na ludzi, którzy bezgranicznie wierzyli w drugiego człowieka. A ten albo ich zdradził, albo okazał się szubrawcem czy po prostu zachorował i umarł. Co stało się z człowiekiem, który wierzył? Pojawiły się łzy, przyszło rozczarowanie, depresja, zawał i wreszcie przedwczesne zejście z tego swiata. Pytam:

jak można było tak święcie wierzyć? Przecież nie bez kozery istnieje życiowa mądrość głosząca, że niebezpiecznie jest wierzyć innym!

Ten w naszym świecie, kto uwierzył w coś lub kogoś oprócz Boga, łatwo może zginąć. Ludzie walczą o przeżycie i robią to kosztem innych, czekając tylko na okazję, by wyszarpnąć bliźniemu „smakowity kąsek". „Nie wierz, nie bój się, nie proś" – nieprzypadkowo są to niezachwiane, niewzruszone reguły świata przestępczego. W ciężkich warunkach obozów i więzień tylko taka postawa zapewnia przeżycie. Okazuje się, że i dziś bez przestrzegania tego prawa niemożliwe jest przeżycie nie tylko w więzieniu, ale i poza jego murami, w ogóle w świecie.

Przypomnijcie sobie napis na dolarze amerykańskim: „Wierzymy w Boga". Niewiele osób wie, że napis ten jest tylko częścią – a i to wypaczoną – powiedzenia: „Wierzymy tylko Bogu, pozostali powinni płacić".

Po cóż więc potrzebne jest uczucie wiary?

Właśnie dzięki uczuciu wiary w jej prawdziwym, właściwym sensie człowiek może powodować w życiu takie zdarzenia, które są mu niezbędne. Możemy teraz zacząć się razem tego uczyć. Właśnie temu poświęcone są techniki piątego stopnia.

Przeczuwam, o co chcielibyście teraz zapytać. „Jakże to, jeśli każdy zacznie działać według siebie, na swoją korzyść, zacznie się zupełny chaos!".

Nie, absolutnie nie!

Wyobraźcie sobie obrazek w stylu „Podróży Guliwera". Widzicie ogromne urządzenie, wielokrotnie większe od Was. Jest tak wysokie, że nie widać, gdzie i czy w ogóle się kończy. Tuż przed sobą macie mnóstwo jakichś zębatek, śrubek i innych niezrozumiałych detali, które wciąż się poruszają, krążą, przemieszczają... Nie znacie ani przeznaczenia tego mechanizmu, ani zasad jego działania. Jednak obserwując urządzenie, zauważacie, że jego elementy nie poruszają chaotycznie, że ich ruchem rządzą pewne reguły. Oto jedna z zębatek obraca się zgodnie z ruchem wskazówek zegara, a druga – przeciwnie do niego. Ten element w ruchu wahadłowym ma dużą amplitudę drgań, a tamten – mniejszą. To coś (nie wiadomo, do czego służy) skacze z prawej strony na lewą, a tamto – z lewej na prawą itd.

Zupełnie nie wiecie, komu i po co to jest potrzebne. Jednak po jakimś czasie w głowie świta myśl, że jeśliby przyczepić się do zębatki, ta łatwo i szybko uniosłaby Was do góry. A w górze jest półka, na której leży smakowity kawałek ciasta. Swój plan wcielacie w życie i dzięki temu możecie do woli delektować się ciastem. A przecież wcześniej mogliście tylko o tym pomarzyć, myśleliście, że jest to nieosiągalne.

Zauważcie przy tym, że nie zepsuliście ani jednego elementu mechanizmu, nie ruszyliście w przeciwnym kierunku ani jednego kółka zębatego – na to po prostu nie starczyłoby siły. Urządzenie nawet Was nie zauważyło. A Wy mogliście dzięki niemu z łatwością spełnić pragnienie. Stało się tak, ponieważ prawidłowo określiliście kierunek ruchu i z powodzeniem wpisaliście się w niego.

Jeśli nie uchwycicie tego kierunku i spróbujecie przemieścić się „pod prąd" po urządzeniu – miejcie pretensję wyłącznie do siebie – zostaniecie wciągnięci między zębatki i zmiażdżeni.

Czy dostrzegliście analogię do Światowych Prądów? Tak samo rzecz ma się z nimi: nawet nas nie zauważą, jeśli będziemy naśladować ich naturalny bieg. I przy tym nie wprowadzimy chaosu do ich sprawnego, precyzyjnego mechanizmu.

Nie możemy zmienić ruchu urządzenia – tej realności, która się przejawiła, urzeczywistniła, która miała miejsce. Jednak możemy zmienić bieg wydarzeń, które dopiero się zawiązują i jeszcze nie zdążyły się urzeczywistnić. Mamy tu wolność wyboru. Nie trzeba psuć mechanizmu – jest taki, jakim powinien być. Jednak z jego pomocą można urzeczywistnić różne warianty zdarzeń, które jeszcze nie miały miejsca.

Jeszcze jeden przykład. Dziecko idzie spać. Chce wziąć do łóżka pluszową myszkę. Rodzice pozwalają mu na to. Przecież to zdarzenie w istocie nie powinno nic zmienić w życiu rodziny. Nazajutrz dziecko rzuci myszkę na fotel. Co to zmienia w życiu rodziny? Znów nic. Rodzice pozwalają mu także na to. Dziecko otrzymuje w wyniku danej mu swobody mnóstwo zadowolenia: przecież pozwalają mu, zgodnie z jego wolą, decydować o swojej najbliższej przyszłości, o tym, jak ją spędzić – w objęciach myszki czy nie. Rodzice też są zadowoleni – dziecko jest spokojne, a dom – bezpieczny.

Możemy oddziaływać tylko na to, co jeszcze nie przejawiło się w świecie, dlatego przez swoje oddziaływanie jakby „rozszczepiamy" znaczenia zachodzących wydarzeń, przy czym jedna ich połowa służy naszym celom, a druga to kompensuje. Znaczy to, że jeśli podnieśliśmy szesnastokilową sztangę, to o tyle samo zwiększyliśmy nasz ciężar, a dla Ziemi jest to bez znaczenia – dla niej nic się nie zmieniło. Mechanizm ten leży w samej naturze naszego świata i czeka na to, byśmy go wykorzystali.

Może powstać także całkiem inna sytuacja: mija trochę czasu, dziecko rośnie i teraz chce wziąć do łóżka zapałki! Wcześniej nie zagrażało domowi i rodzinie, teraz jego zachowanie powoduje realne niebezpieczeństwo! Przy pierwszej takiej próbie rodzice powiedzą dziecku, że tak robić nie wolno. Jeśli to nie pomoże, drugim razem dadzą mu lekkiego klapsa. A jeśli i to nie wystarczy, kara będzie surowa, może zakaz jedzenia słodyczy, a może prawdziwe lanie.

Podobnie w stosunku do człowieka zachowują się Światowe Prądy. Korzystaj z istniejącej realności dla swego dobra, ale nie próbuj jej zmieniać lub zaszkodzić. Jeśli włożysz rękę w tryby mechanizmu – miej pretensje wyłącznie do siebie.

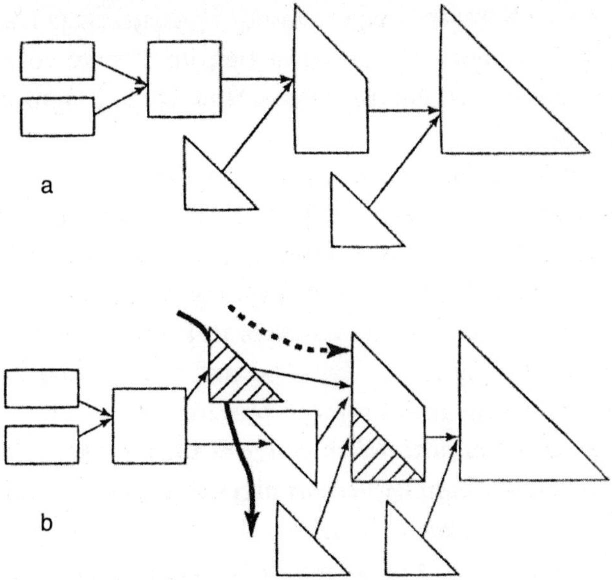

Rys. 12.

a) Bieg Światowych Prądów – znaczenia wielu zdarzeń zlewają się ze sobą, rodząc nowe zdarzenia.

b) Człowiek rozszczepiający znaczenie zdarzeń może posłużyć się tylko tym składnikiem, którego potrzebuje i kontynuować swą wędrówkę po obranej drodze.

Nie ma on wpływu na zdarzenie końcowe oraz na bieg Światowych Prądów – jednak wystarczy, by próbował zachować takie znaczenia, gdy dostanie się w bezwzględne tryby mechanizmów Świata.

W taki sposób otaczający nas świat żywy, rozumny, posiadający świadomość stworzył niezawodne prawa – techniki „bezpieczeństwa". Jeśli człowiek mógłby wyrządzić szkodę temu światu, jeśli stanąłby przeciw prądowi – zostałby po prostu przez niego unieszkodliwiony. Unieszkodliwianie może zachodzić na różne sposoby – aż do fizycznego zniszczenia.

Rozumiecie teraz, jak ważne jest poznanie praw rządzących tym światem, poznanie technik bezpieczeństwa.

Dla wszystkich, którzy znają te zasady i przestrzegają ich, zasoby świata stoją otworem. Te bogactwa (jak już dobrze rozumiecie) można wykorzystać w celu osiągnięcia tego, czego pragniemy, albo by zmienić przyszłość.

Prawdę mówiąc, nie tyle zmieniamy przyszłość, ile otrzymujemy możliwości, by przy pomocy Światowych Prądów przeniknąć w te warstwy czasu i przestrzeni, w których założony jest pożądany dla nas wariant przyszłości. Jak już mówiliśmy wcześniej, w realności nic nie można zmienić. Ale można wybrać. Przecież każdy z nas ma kilka wariantów przyszłości. Tylko od nas zależy, który z nich się urzeczywistni. Tu nie ma okrutnego przeznaczenia.

Tak więc druga najważniejsza potrzeba każdego, kto żyje w wielkim świecie, brzmi: sami wybieramy przyszłość i jej znaczenie.

Istnieje jeszcze trzecia potrzeba. Ta, by ze swojego nowego poziomu wejrzeć w tę zagadkową, niezrozumiałą wysokość, tam, gdzie znajduje się dusza naszego świata, jego świadomość. Tam, gdzie jest Bóg.

Nawet gdy znaleźliście się na nowym poziomie ewolucji, jesteście wciąż nieprawdopodobnie daleko od najwyższych przyczyn wszystkich zjawisk i zdarzeń realności. Zbyt mało znaczycie, żeby pojąć tę wyższą realność. Być może po przejściu czwartego stopnia wydaje się Wam, że w porównaniu z pozostałymi ludźmi jesteście mocni i ważni? Jeśli przeprowadzicie takie porównanie, pewnie będziecie mieć rację. Jednak gdy porównacie się z Siłami Wyższymi... W tym aspekcie jesteście tylko na poziomie infuzorii, pantofelków, czyli najprostszych, najbardziej prymitywnych istot. Pamiętajcie o tym. Pomoże to nie unosić się zbytnią dumą i pychą.

Powtarzam raz jeszcze: jeśli nasz rozum nie jest w stanie całościowo objąć procesu lub zjawiska, nie znaczy to, że nie możemy produktywnie oddziaływać wzajemnie z dostępną częścią zjawisk czy procesów. Przecież do tego nasz rozum jest gotowy! Człowiek został stworzony jako istota rozumna właśnie dlatego, żeby, w odróżnieniu od roślin czy zwierząt, mógł choć częściowo dotknąć tego, co niezrozumiałe. Możemy oddziaływać na to, co niezrozumiałe, nawet gdy nie poznajemy go do końca! Zostaliśmy dopuszczeni przed tron. Jesteśmy wybrańcami. Z tego możemy być dumni. W tym właśnie przejawia się wielkość człowieka – jest wybrany, powołany do komunikowania się z Najwyższym. Predestynuje nas do tego sama nasza natura! Grzechem byłoby niewykorzystanie tego faktu – tego, co dano nam jako coś niezbędnego, co jest jak norma, jak talent, który należy rozwijać.

Nadeszła wreszcie ta uroczysta chwila. Jesteście gotowi, by urzeczywistnić to, do czego Was powołano przez sam fakt narodzin. Gotowi jesteście, by wcielać w życie to, w imię czego przyszliście na świat, żyjecie i rozwijacie się.

By to zrealizować, na początek spróbujemy zrozumieć tę niewielką część dostępnej wiedzy o Sile Wyższej.

Pomyślmy: w jaki sposób Siła Wyższa przejawia się w ziemskim świecie? Jeśli oprzemy się na Biblii oraz książkach teozoficznych, dowiemy się, że Siła Wyższa przejawia się przede wszystkim tym, że czyni cuda.

Czymże jest cud? To nic innego, jak zakłócenie prawdopodobieństwa zdarzeń, spowodowane jakimiś niezrozumiałymi przyczynami. Podam przykład: według zasad fizyki samolot, spadając z dużej wysokości, powinien się rozbić. Tak się jednak nie stało i w dodatku wszyscy pasażerowie przeżyli. Czy to cud? Cud.

Człowiek beznadziejnie chory powinien umrzeć – lekarze nie dawali mu żadnej szansy. A on wyzdrowiał. To też cud.

Ileż mamy przypadków, gdy ludzie w niewyjaśniony sposób przeżywali w najbardziej nieprawdopodobnych warunkach – spędzając wiele dób w lodowatej wodzie czy w gruzach domu, bez jedzenia i picia lub tez samotnie w głuchym lesie...

Wszystko to ludzie nazywają cudami. W rzeczywistości tak właśnie działa Siła Wyższa. Bóg rządzi światem, zmieniając zasady teorii względności! Trzeba być gotowym, by nie pominąć cudu. Cuda nie zdarzają się przypadkowo, tak ni stąd, ni zowąd, zresztą nic na świecie nie zdarza się przez przypadek. Cuda przychodzą do tych, którzy są tego warci.

Dlatego należy choć trochę przybliżyć się do zrozumienia dróg Siły Wyższej. Jest to potrzebne po to, by nie zakłócać naturalnego biegu zdarzeń, żeby nie próbować go zmieniać, jeśli to ponad nasze siły. Dobrze byłoby, gdybyśmy byli gotowi na takie chwile, kiedy zagarnie nas potężna fala niby przypadkowych zdarzeń i zbiegów okoliczności powołana do życia przez Siłę Wyższą.

Krótko mówiąc, potrzebne to jest po to, żeby, z jednej strony – nie dostać się w tryby machiny Wszechświata i nie zostać przez nie zmiażdżonym, a z drugiej strony – żeby nie przeoczyć swej szczęśliwej szansy.

Rozpatrzmy dowolny przykład z wielkiej literatury rosyjskiej. Genialni pisarze dlatego są genialni, że potrafią wyławiać subtelne reguły rządzące światem, pokazać, jak właściwie one działają. Wszystkie historie opowiedziane przez znakomitego pisarza, Lwa Tołstoja, dotykają właśnie tego tematu. Anna Karenina z „Wojny i pokoju" zrobiła jeden fałszywy krok, wystąpiła przeciwko światowych regułom, naturze rzeczy – i to był jej koniec. Żyjąc – staczała się po równi pochyłej wprost pod koła pociągu. Natasza Rostowa – bohaterka tej samej książki, popełniła wiele błędów, ale Najwyższy oddalił od niej nieszczęścia. Posłuchała, nie biła głową o mur, nie wystąpiła przeciw naturze rzeczy, nie odrzuciła szczęśliwego przypadku w postaci Piotra Biezuchowa. Przyjęła go, mimo że wydawał się nieatrakcyjnym, niepociągającym mężczyzną. Nie trwała w tępej pysze – i los jej to wynagrodził. Przypomnijcie sobie, w każdej książce dowolnego klasyka zauważycie podobne historie.

Gdy człowiek występuje przecie woli Sił Wyższych, występuje także przeciw sobie, niszcząc samego siebie. Gdy wpisuje się w prawa Sił Wyższych – trafia na szczęśliwą życiową falę prowadzącą go do najbardziej pożądanych rezultatów. Trzeba tylko zauważyć tę falę, poczuć ją, nie sprzeciwiać się jej i nie unosić się pychą, twierdząc: „Nie, ja sam dobrze wiem, jak żyć, ja tak nie chcę".

To iluzja. Ludzie często są ślepi. Jak ślepe kociątka biegną za zapachem mięsa, nie widząc, że z miski już je jakiś trzygłowy dziwoląg, potwór, który wraz z mięsem przełknie kocięta i nawet tego nie zauważy. Kocięta nie wiedzą, że tylko Najwyższy, jeśli mu zawierzysz, odciągnie cię od potwora i poprowadzi do ciepłego, czystego kącika, gdzie czeka miska smacznego mleka i dobra mama – kotka.

Rys. 13. Człowiek dążący naprzód w labiryncie Światowych Prądów może iść tylko taką drogą, która jest mu wyznaczona przez Siłę Wyższą. Zobaczyć drogę – to znaczy współuczestniczyć.

Siły Wyższe z góry widzą lepiej niż my. Człowiek zobaczy tylko część domu do pierwszego piętra i fragment ulicy przylegającej do niego, a Siły Wyższe już widzą, co czeka na niego za rogiem i co spadnie z dachu.

Metody piątego stopnia systemu DEIR pozwalają dotknąć tych prawidłowości, według których żyją Siły Wyższe, dotrzeć swoją świadomością do subtelnych krańców świadomości Wszechświata.

Metody piątego stopnia nie tylko umożliwiają wpisanie się w te reguły i wychwycenie szczęśliwych fal. Przyjdzie nam jeszcze rozwiązać jedno, bardzo ważne zadanie.

Bardziej czy mniej myślący ludzie tak zostali skonstruowani, że w młodości zaczynają zastanawiać się nad sensem życia. W socjumie reakcją na takie myśli często bywa śmiech otoczenia, a pytania o sens życia traktowane są, nie wiedzieć czemu, z przymrużeniem oka i uważane za dziecięce. Z pewnością dlatego, że uważa się je za głupie. To absurdalna ocena, jakże typowa dla naszego socjum! W rzeczywistości pełnowartościowym będzie można nazwać istnienie tylko takiego człowieka, który nie tylko w młodości, ale także przez całe swoje życie rozmyśla o sensie istnienia. I tylko taki człowiek wcześniej czy później odkrywa sens życia. Ten, kto uważa takie pytania za dziecięce i niemądre, kto wymiguje się od odpowiedzi na nie, kto naśmiewa się z pytających, w końcu staje się tylko tworem mięso- i roślinożernym. Będzie tylko żałośnie wegetował, stawał się zerem, niegodnym miana człowieka.

Tak oto w procesie poznawania piątego stopnia DEIR ziści się to, o czym dawno marzyliście, o czym, z całą pewnością, rozmyślaliście już w dzieciństwie – otworzy się przed Wami sens życia. Chodzi o sens nie tylko Waszego życia, ale o sens życia całej ludzkości. Możecie poznać także swoje osobiste zadanie życiowe. Uświadomicie sobie, na czym w ogóle polega zadanie człowieka – po co istnieje na tym świecie. Możecie przeniknąć najgłębszą tajemnicę – pojąć, dokąd zmierzają wszystkie rozumne istoty. Dowiecie się także o Karmie Świata. Poznacie swoje własne arcyzadanie.

Podkreślam, że osiągną to tylko Ci, którzy sumiennie, rzetelnie i w całości opanowali wszystkie poprzednie cztery stopnie, niczego nie opuszczając. Przewagę mają ci, którzy mieli możliwość osobistego uczestniczenia w kursach. Kursanci mają wspaniale rezultaty, które trudno byłoby osiągnąć w pojedynkę, ograniczając się tylko do przeczytania książek.

Odczuć i zrozumieć najwyższą siłę świata – oto trzecia, ostatnia potrzeba człowieka, który wstąpił na nowy poziom ewolucji.

Aby uniknąć nieporozumień, jeszcze raz chciałbym poruszyć pewną kwestię. W tej książce nie ma żadnej ideologii. Książka nikomu nie narzuca stereotypów zachowania i sądów o tym, co jest dobre, a co złe. Dlatego, mam nadzieję, nie poczytacie moich słów za próbę ograniczenia Waszej wolności, gdy powiem, że współdziałając z Siłami Wyższymi, należy znać ich prawa i zachować się w taki, a nie inny sposób.

W żadnym wypadku nie robię zamachu na Waszą wolność. Wybór co do tego, jak się zachować, zawsze należy do Was. Dlatego nic nikomu nie narzucam. Chcę tylko za pomocą specjalnych metod pomóc Wam samym (podkreślam: **samym**) zorientować się w tym, jak należy się zachować, jak działać, by Wasze postępowanie nie kolidowało ani z osobistym zadaniem życiowym, ani z zadaniami ludzkości w ogóle. Wtedy będziecie mogli działać w imię postępu – własnego oraz cywilizacji. To jest bardzo ważne, gdyż pomoże urzeczywistnić osobistą wolność wyboru mimo pojawiających się ostatnimi czasy wielu rozpraw, teorii, książek „nauczycieli" i „misjonarzy", którzy pod pretekstem szlachetnych zamiarów próbują pozbawić ludzi swobody wyboru własnej drogi. W tym widzę wielkie niebezpieczeństwo dla współczesnego świata. Tacy „nauczyciele" i „misjonarze" zatrzymują proces ewolucji ludzkości. Przecież wolność wyboru jest koniecznym warunkiem pełnowartościowego kroczenia człowieka swą prawdziwą, właściwą drogą, jest kamieniem węgielnym człowieczej drogi.

Wcielając w życie tę potrzebę, dalej możemy już tylko rozwijać to, co osiągnęliśmy. Na horyzoncie widać jeszcze inny, następny poziom ewolucji, ale jego czas tak szybko nie nastąpi. Jednak rozwijanie tego, co otrzymaliśmy, jest wielkim, wspaniałym zadaniem, którego wystarczy nam bynajmniej nie na jedno życie. Powinniśmy z powodzeniem rozwinąć ukryte zdolności człowieka, otworzyć wszystkie jego drzemiące w nich możliwości. Powinniśmy stać się doskonali we wszystkim, powinniśmy odkryć w sobie nowe uczucia i zdolności do jeszcze bardziej subtelnych odczuć umożliwiających podróżowanie do wszelkich, nawet najbardziej oddalonych granic otaczającego nas wielkiego świata.

Długi i szczęśliwy okres rozwoju tego stopnia ewolucji, na który już wstąpiliśmy, powinien przeobrazić człowieka i zaowocować pełnym rozkwitem Ziemi i cywilizacji. Czy tak się stanie, w wielkim stopniu zależy od nas. Nie pozwólcie, by ktokolwiek zawrócił Was z drogi ewolucyjnego rozwoju i postępu!

To jest już ostatnia potrzeba do zrealizowania na nowym etapie Dalszego Energoinformacyjnego Rozwoju. Powinniśmy stać się wystarczająco doskonali, by odkryć w sobie nowe uczucia umożliwiające nasze istnienie w dalekich granicach wielkiego świata i rozwijanie się w nich naturalnie – szczęśliwie i nieskończenie.

Nasza ostatnia potrzeba – to odczucie i zrozumienie Siły Wyższej naszego świata.

ROZDZIAŁ 3.

DOŚWIADCZENIE: NAWIGACJA WŚRÓD ŚWIATOWYCH PRĄDÓW

Mapa, na której brak wskazówek

Teraz musimy nauczyć się orientować wśród Światowych Prądów, aby w nich nie utonąć, nie zginąć, ale dopłynąć w stanie pełnego komfortu właśnie tam, dokąd powinniśmy.

Być może wiecie o tym, jak zachować się, gdy jesteśmy w morzu na dużej głębokości, a do brzegu jeszcze daleko. Najważniejsze to – z jednej strony – nie panikować ani nie denerwować się, z drugiej – nie wpadać w apatię i stan zupełnego odrętwienia. Jeśli będziesz rzucać się w wodzie, szamotać w niej – stracisz siły i utoniesz. Jeśli w ogóle przestaniesz się ruszać – rezultat będzie ten sam. Co trzeba robić? Uspokoić się, rozluźnić, znaleźć kierunek ruchu fali, kierunek prądu. Jeśli popłyniesz wraz z prądem – będziesz uratowany.

Umiejętność odczuwania prądu i postępowania zgodnie z nim, pójścia w jego ślady – to warunek sukcesu i ratunku w morzu życia.

Możemy przewidywać posunięcia, które świat realizuje wokół nas. Możemy podporządkować własny ruch światowemu ruchowi. A wtedy otrzymujemy możliwość wpływania na otaczający nas świat.

Zrozumieliście już, że Światowe Prądy nie mają nic wspólnego z pasożytami energoinformacyjnymi. W odróżnieniu od nich niczego nie narzucają. Prądy tylko udostępniają nam określone fizyczne możliwości potrzebne do działania w świecie – a my mamy prawo z tego skorzystać. Jednak jeśli Światowe Prądy nie dadzą nam takich możliwości, nic nie będzie można na to poradzić. Metody drugiego stopnia, jak już mówiłem wcześniej, w takim przypadku nie zadziałają. Rozwijajcie się, zmieniajcie na drodze ewolucji, usuwajcie konflikt ze Światowymi Prądami – oto, co można poradzić w takim przypadku.

Nie zawsze jednak udaje się łatwo określić, w którym momencie na konflikt z Prądami pracowały pasożyty energoinformacyjne, a w którym my – i następstwa konfliktu ze Światowymi Prądami są wyłącznie naszą zasługą.

Podam przykład. Jesteś biznesmenem i Twój interes nieźle prosperuje. Nagle pewnego pięknego dnia okazuje się, że partner, w którym pokładałeś wielkie nadzieje, stał się niewypłacalny i w związku z tym sam stoisz na granicy bankructwa. Co teraz robić, w jaki sposób wyjaśnić, o co chodzi? Sprawa okaże się bardzo prosta, jeśli mamy do czynienia z interwencją pasożyta energoinformacyjnego – należy przejść pierwsze dwa stopnie szkoły DEIR, odciąć wpływ pasożyta oraz zastosować metody budujące powodzenie i sukces. Sytuacja wróci do normy.

Jednak jeśli to skutek konfliktu ze Światowymi Prądami, wszystko staje się bardziej złożone i poważne. Musimy gruntownie prześledzić swoje zachowanie i zmienić je stosownie do praw świata, w którym żyjemy. Abyśmy mogli się zorientować, z jaką sytuacją mamy do czynienia, musimy przeanalizować przyczyny braku wypłacalności partnera. Czy nas po prostu okłamał, czy też zniechęcił się do współpracy, a może inni go oszukali lub zmusili, by podpisał niewygodny kontrakt. Jeśli przyczyny tego są subiektywne, związane z innymi ludźmi, najpewniej mamy do czynienia z działaniem pasożytów energoinformacyjnych. Jeśli zaś partner okazał się niewypłacalny, ponieważ bank zbankrutował, co z kolei było związane z upadkiem akcji na giełdzie, wynikiem suszy i kiepskich zbiorów – wtedy mamy do czynienia z obiektywnymi okolicznościami, które od ludzi nie zależą. To jest już wpływ procesów zachodzących na poziomie Światowych Prądów, czyli procesów zewnętrznych, nadludzkich.

Jest jeszcze jedna różnica między procesami na wielką skalę – zewnętrznymi procesami Światowych Prądów, a działaniem pasożytów energoinformacyjnych. Polega ona na tym, że Prądy w ogóle nie tworzą wyłącznie dla nas takiego czy innego prawdopodobieństwa zdarzeń. Prawdopodobieństwa te istnieją stale i niezmiennie. Cała rzecz polega na tym, że dla różnych ludzi mają różne znaczenie. Stykając się z takimi samymi sytuacjami, ludzie zachowują się odmiennie i przyjmują je inaczej. To, co dla jednych może być dobre, dla innych okazuje się złe i odwrotnie.

Można wyobrazić sobie Światowe Prądy w postaci mapy miasta, według której wędrujemy. Oto kawiarnia, a to kościół, tu muzeum, a tam bank, a to więzienie. Mapa miasta w żadnym razie nie kieruje nas do aresztu, nie zmusza, byśmy szli do kościoła czy muzeum.

Tym bardziej, że miasto przecież nie może zmienić swojego układu tak, by więzienie znalazło się jak najbliżej nas, byśmy od razu do niego się dostali. Tylko my sami możemy znaleźć się na ulicy wiodącej do świątyni, ale możemy też stanąć na ulicy prowadzącej do więzienia. Sami decydujemy, dokąd iść. Nikt nas nie złapie za rękę i nigdzie siłą nie zaprowadzi. To my sami wybieramy określoną ulicę i po niej dochodzimy do określonego miejsca.

Można powiedzieć, że w tym mieście jest mnóstwo domów, ulic, sklepów, urzędów, muzeów itd. – i wszystko to jest takie samo, jednolite dla wszystkich mieszkańców miasta, wszyscy mają dane takie same warunki. Właśnie dokładnie w taki sposób Światowe Prądy nie tworzą dla każdego z osobna jakichś okoliczności, nie przygotowują zdarzeń, w których będziemy się czuć dobrze czy źle. Na świecie zachodzi mnóstwo zdarzeń – są one jednolite dla wszystkich. Jedni ludzie, krocząc drogą wśród tych zdarzeń, osiągają sukces, inni – ponoszą klęskę. Po prostu jedni umieli wykorzystać te zdarzenia w najlepszy sposób, potrafili wybrać najlepszą drogę, a inni – nie. Okazuje się, że taki sam układ zdarzeń w świecie dla różnych ludzi ma różne znaczenie.

Można zilustrować to prostym przykładem. Dziś wielu narzeka, że żyje w strasznych czasach. Ludzie żyją w nędzy, cierpią itp. A przecież w tych „strasznych" czasach są tacy, którzy nie klepią biedy, cieszą się życiem, po prostu rozkwitają. I wcale nie są to oszuści, którzy dzięki przebiegłości i kłamstwu bogacą się kosztem innych. To zwykli ludzie, żyjący z pracy swoich rąk, zgodnie ze swym sumieniem.

Proszę zauważyć, że takich szczęściarzy, ludzi żyjących w dobrobycie nigdy nie brak – pojawiają się zawsze, w każdej sytuacji, nawet najbardziej niesprzyjającej. A to oznacza, że istota problemu leży nie w sytuacji czy warunkach w państwie, ale czymś innym. W czym? Chociażby w tym, że ludzie narzekający na życie nastawieni są nie

Rys. 14. Tu już wszystko wygląda na bardzo proste – przecież możemy zobaczyć napisy na każdym zakręcie swojego losu.

na postęp, a na regres, na zniszczenie. Sami o tym nie wiedząc, wybierają drogę prowadzącą do zagłady – przecież sami są destrukcyjni. Wszyscy nastawieni na ewolucję, na samodzielny rozwój, na progres – nawet w najtrudniejszych czasach wybierają ścieżkę prowadzącą do dobrobytu i rozkwitu. Oni wręcz intuicyjnie wpisują się w odpowiedni kierunek Światowych Prądów!

Takimi ludźmi stają się ci, którzy opanowali system DEIR. Pewnego młodego człowieka (który uczył się u nas jeszcze na etapie projektu) we wczesnej młodości wszyscy uważali za nieudacznika, za nieprzystosowaną do życia fajtłapę. Koledzy śmiali się z niego, mówili, że z takim charakterem nic w życiu nie osiągnie. Oni, jak im się wtedy wydawało, brali od życia wszystko, co możliwe: wykorzystywali znajomości, starali się dobrze wżenić, mieć prestiżową pracę. A ten młodzieniec oddawał się marzeniom, zakochiwał się, pisał wiersze, zachwycał się przyrodą. W tym czasie, sam tego nie wiedząc, szukał swojej drogi pośród Światowych Prądów. A jego koledzy szli przebojem, nie patrząc, po jakich drogach kroczą, aż w końcu z nich zboczyli. Wtedy jednak jeszcze tego nie wiedzieli. Myśleli, że mają rację.

Po skończeniu studiów młody człowiek znalazł się niejako w próżni. Przyjaciele robili karierę, czerpali z życia garściami, a on miał zwykłą pracę i skromną płacę, żył w swoim wewnętrznym świecie. Otrzymał potrzebną wiedzę, by móc ruszyć dalej. Właściwie już sam szedł w dobrym kierunku. Studiowanie pomogło mu zyskać pewność, że to on ma rację, a nie jego przyjaciele, pomogło w zorientowaniu się w mapie Światowych Nurtów.

Samo życie pokazało, że się nie mylił. Przyjaciele stracili swoje posady, „wygodne" małżeństwa rozpadły się. Większość z tych ludzi stoczyła się na dno, jest bez pracy, bez pieniędzy, nie potrafią odnaleźć własnej drogi. Nasz młodzieniec został znanym pisarzem. Robi to, co lubi. Jest wewnętrznie wolny, materialnie zabezpieczony i szczęśliwy w życiu osobistym. Nie nauczył się „urządzać" w życiu i „brać od niego wszystko" metodami przyjętymi w społeczeństwie. Sposoby te nie są potrzebne, to droga donikąd. Młody człowiek po prostu nauczył się świetnie orientować pośród Światowych Prądów.

Każdy, kto opanuje sztukę orientowania się wśród Prądów, może określić, co czeka go osobiście w związku z jakimś zbiegiem okoliczności, z jakąś sytuacją bądź zdarzeniem. Można np. określić, jaka sfera działalności będzie perspektywiczna właśnie dla nas. Przecież na świecie istnieje mnóstwo różnych obszarów działań – ich zestaw jest jednolity dla wszystkich ludzi. Natomiast osobiste znaczenie jest różne. Na „mapie" nie ma wskazówek typu: pójdziesz tędy – będzie dobrze, a tam nie idź – to zły wybór. Wskazówka jest indywidualna, inna dla każdego człowieka. Ludzie jednak tego nie wiedzą i zachowują się tak, jakby wskazówki były dla wszystkich jednakowe. W opisanym przeze mnie przykładzie koledzy młodzieńca zachowywali się tak, jakby istniała jednolita, taka sama metoda dla wszystkich: zostań bankowcem – będzie dobrze, jeśli będziesz pisarzem – źle skończysz. Mój uczeń tym się nie kierował – wybrał własną drogę – i miał rację. Jego przyjaciół okłamała natomiast wymyślona przez nich (choć powinniśmy raczej powiedzieć: narzucona przez społeczność) jedna ogólna wskazówka prowadząca do złudnego, pozornego dobrobytu.

Jeśli jakaś dziedzina działalności jest nieperspektywiczna dla Ciebie, nie znaczy to, że jest nieperspektywiczna dla innych. Z pewnością będzie ona właściwa dla innych ludzi lub stanie się taka w przyszłości. Związane jest to z faktem, że świadomości ludzi na poziomie własnych potrzeb i pojęć nie są zbieżne. Każdy samodzielnie musi określić własną drogę.

Całokształt wszystkich wydarzeń, sytuacji, zbiegów okoliczności na pierwszy rzut oka może wydawać się chaosem. Dlaczego? Jak wcześniej powiedzieliśmy, na wszystkich drogach prowadzących do takich czy innych sytuacji lub zdarzeń nie ma wskazówek wspólnych dla ogółu. Wszystko wydaje się chaosem tylko wtedy, jeśli spojrzymy na to ze statystycznego punktu widzenia: gdy liczymy, ile razy powinęła nam się noga, ile razy się upiekło. Świat jest zestawem chaotycznych zdarzeń tylko w planie zewnętrznym. W przestrzeni wewnętrznej realności nasza świadomość potrafi znaleźć wśród jakoby przypadkowych zdarzeń wyraźne reguły. Możemy dostrzec, według jakich praw zmienia się dla nas znaczenie tego czy innego zdarzenia. Przecież samo zdarzenie, sam fakt, zewnętrzna realność, jak już z pewnością rozumiecie, nie zmieniają się. Jednak są różne dla różnych ludzi. Jeśli nie ma wskazówek w planie zewnętrznym, to w są wewnętrznym – subiektywne dla każdego człowieka.

Gdy rozpoznamy swoje wskazówki, własne reguły, możemy całkiem inaczej budować zachowanie w świecie zewnętrznym. Można lawirować wśród prawdopodobieństw tak, jakby to były dawno naniesione na mapę rzeczne mielizny czy, przeciwnie, przydatne prądy, koryta rzek i drogi.

A my w każdej chwili możemy z tej mapy skorzystać.

Jeden z moich znajomych nauczył się po mistrzowsku korzystać z „mapy" swojej wewnętrznej realności i z łatwością przepowiada zdarzenia.. Nie polega to na tym, że intuicyjnie przeczuwa wydarzenie – te intuicyjne odczucia lokują się u niego na poziomie świadomości, by uformować się w myśli i słowa. Początkowo przepowiadał zdarzenia jedynie ze swojego życia. Było to przydatne nie tylko w sprawach poważnych, ale także drobiazgach. Mógł na przykład powiedzieć żonie: „Wiesz, jutro do nas zwalą się goście, krewni znajomych, jeszcze ich nie znamy. Urządzą wielką awanturę. Możemy oczywiście ich po prostu przegnać, ale możemy też uniknąć tego wszystkiego.. Wyjedźmy za miasto. Dawno chcieliśmy to zrobić". Wyjechali za miasto, wspaniale spędzili czas. Wieczorem, gdy wrócili do domu, dowiedzieli się od sąsiadów, że cały dzień czekało na nich jakieś dziwne towarzystwo. Ludzie ci mieli jakieś worki i walizki, przyjechali czymś handlować, wciąż się kłócili, krzyczeli i obrzucali inwektywami, a potem odeszli.

Całkiem niedawno dowiedziałem się, że mój kolega zaczął przepowiadać zdarzenia z życia innych ludzi, ponieważ nauczył się orientować także w ich przestrzeni. Ocalił życie naszemu wspólnemu znajomemu, niedoświadczonemu w kwestii przepowiadania przyszłości. Powiedział, że nie powinien lecieć samolotem (samolot rozbił się). Inną osobę uchronił przed bankructwem, mówiąc, że nie powinna prowadzić interesów w pewnym banku (bank po miesiącu splajtował).

Wniosek: kolejność zdarzeń, które mają nastąpić, można wyodrębnić z tego, co wydaje się chaosem i nieuporządkowaniem.

Gdy będziemy się już orientować według „mapy zdarzeń", gdy nauczymy się wyłuskiwać na niej swoje drogi, możemy w oparciu o nią umiejętnie budować swoje zachowanie w planie zewnętrznym.

Nauczmy się więc tego.

Słów kilka o porządku i chaosie

Cały świat nie jest niczym innym, tylko kombinacją uporządkowania i przypadku, porządku i chaosu. Wiąże się to z faktem, że cały podporządkowuje się działaniu dwóch podstawowych sił: twórczej i destrukcyjnej. Niemożliwe jest tworzenie bez niszczenia. Żeby zbudować nowy dom, trzeba najpierw zburzyć stare, niepotrzebne zabudowania. Dlatego też, żeby świat istniał, musi istnieć jedność sił twórczych i niszczących.

Jednak świat jest tak urządzony, że procesy destrukcyjne często zachodzą same z siebie, bez interwencji człowieka, natomiast twórcze wymagają określonego wysiłku. Jeśli nie wyremontujemy domu, będzie niszczał. Żeby tak się nie stało, należy przykładać wszelkich starań – zająć się tworzeniem.

Na tym polega jedna z podstawowych funkcji człowieka: uporządkować otaczające środowisko. Nawiasem mówiąc, uporządkować należy też samego siebie, żeby nie zatriumfowały procesy destrukcji. Opanowując system DEIR, nie zajmujemy się niczym innym, jak uporządkowaniem siebie, tworzeniem siebie.

Cała nasza świadoma działalność w świecie materialnym w istocie sprowadza się do procesu uporządkowania. Podam przykład. Wokół istnieje mnóstwo rzeczy. Nie są nam one potrzebne jednocześnie. Wybieramy spośród nich te, które są potrzebne i w ten sposób porządkujemy przestrzeń wokół siebie. Można to porównać z telewizorem pokazującym wszystkie programy jednocześnie. To niemożliwe – od tego w głowie zrobi się wielki galimatias, a korzyści żadnych nie będzie. Rozumiemy więc, że powinniśmy wybrać z mnóstwa propozycji konkretny program.

Wybierając przydatne rzeczy (nie tylko w sensie materialnym), człowiek staje się szczególnym skondensowaniem uporządkowania wokół siebie. Jednak, jak głosi zasada zachowania energii, jeśli gdzieś coś przybyło, gdzie indziej tyle samo ubywa. Ponieważ ogólny stosunek chaosu i porządku w świecie pozostaje niezmienny, to jeśli koncentrujemy obok siebie porządek, gdzieś dalej zachodzi większe nieuporządkowanie.

Przykładowo, postanowiliśmy zbudować dom, tj. uporządkować swoją przestrzeń życiową. W tym celu musimy iść do lasu i pożyczyć od niego materiał na budowę – tzn. trzeba będzie ścinać drzewa. Przy tym możemy nie wiedzieć, że w lesie też istnieje porządek – mamy tam do czynienia z określoną równowagą ekologiczną, ptaków jest tyle, by ilość szkodników nie przekraczała dopuszczalnych granic. A teraz to uporządkowanie zostało zakłócone. W ten sposób, uporządkowawszy środowisko obok siebie, wnieśliśmy pewien chaos w dalszą przestrzeń.

Cokolwiek człowiek robi i na jakąkolwiek skalę, zawsze zmienia wokół siebie stosunek porządku i chaosu.

Oto mamy miejsce wydobycia ropy, a wokół – zupełnie niepotrzebne łupki. Występuje określony porządek: tu jest ropa, a tu jej nie ma. Ale oto człowiek wydobył to bogactwo na powierzchnię. Zakłócił istniejący porządek i stworzył w tym miejscu chaos.

Jednak potem z jednej części wydobytej ropy otrzymano paliwo, a druga została zużyta przez przemysł chemiczny. Dzięki temu powstało wiele nowych, niezbędnych ludziom produktów! To, co kiedyś było ropą, zmieniło się w ciepło dla ludzi, w ogromną ilość wyrobów: pakiety polietylenowe, wyroby z masy plastycznej, naczynia i w mnóstwo innych niezbędnych przedmiotów. Poza tym dzięki ropie powstały rzeczy stojące na znacznie wyższym poziomie uporządkowania niż ten surowiec, np. związane z przemysłem drukarskim czy komputerowym. Wszystko to spowodowało określony porządek w życiu ludzi. W taki sposób z chaosu znów powstał porządek.

Jednak nie całe spalone paliwo przekształciło się w dwutlenek węgla, który bezładnie rozproszył się po świecie. Po pewnym czasie (z geologicznego punktu widzenia stosunkowo krótkim) wszystko, co wyprodukowano z ropy, uległo zniszczeniu, a produkty tego rozpadu rozproszyły się po Ziemi i jej atmosferze. Porządek znowu zmienił się w chaos.

Tym niemniej, nie wszystko, co stworzono dzięki ropie, przepadło całkowicie. Pozostały np. książki, dokonał się postęp w dziedzinie techniki itd. Oznacza to, że w ten sposób w życie wielu ludzi przez dziesięciolecia będzie wprowadzany niezbędny porządek.

Tak właśnie chaos przechodzi w porządek, a porządek zmienia się w chaos. Procesy te zachodzą stale, w każdej chwili naszego istnienia.

W materialnym świecie zależymy od porządku. Jednak jakże nudne byłoby życie, jeśli zabrakłoby w nim miejsca dla nieuporządkowania, czyli przypadku. Przecież życie nie byłoby ciekawe, gdyby wszystko wiadome było zawczasu! Większość ludzi nie docenia roli przypadku. A szkoda.

Życie bez przypadkowości, bez wolności wyboru, bez lawirowania w świecie prawdopodobieństwa, to żałosne istnienie, cały czas tak samo, bez nadziei na różnorodność. Czym w rzeczywistości różni się rutynowa, nietwórcza praca od prawdziwego życia? Właśnie tym, że polega na przerabianiu znów tych samych, standardowych operacji. Wiecie, że tę śrubkę trzeba tak przykręcić, ten element naostrzyć, wkręt umocnić itd. Brak jakiejkolwiek twórczej radości, działań niestandardowych. To nie życie, a wegetacja.

Jednak bywa i tak, że lepiej pogodzić się z przewidywalnością niż wiedzieć, że przykra niespodzianka może wszystko zepsuć.

Przypominam sobie, jak przyjaciółka mojej siostry, naukowiec, postanowiła pracować w prestiżowym instytucie. Zadziałała w tym celu wszelkimi mentalnymi i niementalnymi sposobami. Szukała ludzi mogących przedstawić ją pewnemu znanemu uczonemu, którego rekomendacja umożliwiłaby jej otrzymanie wymarzonej pracy. Kobieta poznawała wciąż nowych ludzi, zaskarbiała sobie ich względy, oni polecali ją innym – w efekcie utworzył się cały łańcuch ludzi pomocnych w osiągnięciu celu. Każdy człowiek w tym łańcuchu był jakby następnym stopniem drabiny prowadzącej do uczonego.

Wreszcie udało się – stanęła przed obliczem naukowca. Ten zapoznał się z pracami naukowymi przedsiębiorczej kobiety. Po namyśle zgodził się poprzeć jej starania o pracę, pod warunkiem jeszcze jednego osobistego z nią spotkania.

Znajoma siostry przed spotkaniem dokładnie obmyśliła makijaż, strój, ćwiczyła nawet przed lustrem mimikę, obmyśliła odpowiedzi na wszystkie możliwe pytania, które uczony mógłby zadać.

I oto gdy nadszedł już czas spotkania i trzeba było wyjść z domu, okazało się, że nie potrafi otworzyć drzwi wejściowych! Szarpie za klamkę, walczy z zamkiem kilkanaście minut z nadzieją, że drzwi się jednak otworzą. Niestety! Gdy staje się jasne, że wysiłki są daremne, dzwoni do wszystkich możliwych służb, łącznie z milicją, prosząc o ratunek. Nikt jednak nie reaguje. Wreszcie, po godzinie, pomaga jej jakaś prywatna spółka. Zdenerwowana kobieta, w zmiętym ubraniu, zalewa się łzami.

Jednak nie należy do tych, którzy się poddają. Szybko doprowadza się do porządku i, wziąwszy taksówkę, mknie do naukowca. Jest już na miejscu. A tu sekretarka posyła jej lodowate spojrzeniem i oznajmia, że dziesięć minut temu jej pracodawca pojechał na lotnisko – leci na pół roku do USA. Mówi, żeby tu więcej nie przychodziła, że uczony nie cierpi braku obowiązkowości, że czekał na nią przeszło godzinę, zamiast w domu spokojnie przygotować się do podróży.

Kobieta, mimo wszystko, nie traciła nadziei. Postanowiła za wszelką cenę dostać się do profesora po jego powrocie. Jednak zdarzyło się coś nieprzewidzianego. Mężczyzna nie wrócił. Dostał świetną ofertę pracy i postanowił zostać w Ameryce na dłużej (prawdopodobnie nie wrócił do tej pory).

Oto, jak przykry przypadek może zniszczyć nadzieję na udaną karierę. Teraz kobieta jest sekretarką w jakiejś firmie, wiadomo jednak, że nie zajmuje się nauką i podobno w innych sferach życia też się nie odnalazła.

Przykry zbieg okoliczności, drobiazg, głupstwo urosło do rangi prawdziwie złego losu, fatum. Bywa i tak.

Byłoby źle znać dokładnie swoją przyszłość, ale pełna nieprzewidywalność, zestaw całkowicie przypadkowych zdarzeń, bez jakiegokolwiek uporządkowania też nie są obiecujące. Wielu z nas doświadczyło tego na własnym przykładzie: gdy rankiem budzisz się i nie wiesz, ile dzisiaj będzie kosztował chleb, czy Twój zakład jeszcze pracuje, otrzymasz wypłatę czy nie masz już co na nią liczyć. Nie bez kozery będzie tu przytoczenie chińskiego aforyzmu, którego sens polega na tym, żeby nikomu nie życzyć, by żył w epoce przemian. Epoka przemian – to okres, gdy stary porządek już nie istnieje, a nowy jeszcze nie nastąpił, dlatego wokół króluje ciągły chaos. Wtedy musimy tracić masę sił i drogocennego czasu na to, by próbować jakoś przewidzieć przypadki, przełamywać, pokonać następstwa braku rokowań, wiedzy o przyszłości. Jednak zwykły człowiek tego nie potrafi.

Normalni ludzie nie mogą czuć się dobrze w sytuacji, w której nie wszystko jest przewidywalne. Radość, harmonia, chęć życia uwidaczniają się wtedy, gdy zdarzenia biegną stabilnym i uporządkowanym torem, a nieprzewidzialne dotyczy tylko drobiazgów. Oto np. wiemy dokładnie, że nasz zakład pracy jutro nie zostanie zamknięty, że ceny nie wzrosną, a wypłatę otrzymamy w terminie i w ogóle nie dojdzie do żadnych katastrof ani wojen, że na świecie będzie spokojnie. Wtedy mamy pełne poczucie stabilizacji. Jednocześnie wiemy także, że możemy się spotkać z tym czy tamtym człowiekiem, odwiedzić przyjaciela lub pójść do kina. I to wnosi do naszego życia niezbędną różnorodność i nieprzewidywalność.

A teraz uwaga: to, o czym mówiliśmy przed chwilą odnosi tylko do życia zwykłych ludzi o zwyczajnej, pospolitej świadomości. Oni rzeczywiście nie potrafią żyć w epoce zmian – z tego powodu dostają zawałów. Nie potrafią orientować się wśród przypadków i nie umieją ominąć niechcianych zdarzeń – potykają się o przypadkowość i padają.

Dzieje się tak dlatego, że zwykli ludzie widzą, mówiąc obrazowo, tylko to, co mają pod nogami. A tam jest chaos złożony z przypadków, brak mapy pozwalającej na orientowanie się wśród tych przypadków.

Człowiek, który dorósł do poziomu Światowych Prądów, widzi zupełnie inny obraz. Gdy zatraca się punkty orientacyjne w zwykłym życiu, gdy wszystko wokół wydaje się chaosem, wtedy istnieje tylko jedno wyjście – wejść na wyższy poziom i zobaczyć tam wyższy porządek kierujący światem, niezauważalny z dołu, przez zwykłych ludzi.

Stojąc na wyższym poziomie, można, a nawet trzeba, zrobić tak, żeby wszystkie przypadki mające miejsce w naszym życiu, nie tylko nie hamowały, ale odwrotnie – kierowały bieg wydarzeń w pożądaną dla nas stronę.

Przed chwilą mówiliśmy o tym, jak w świecie chaosu i porządku żyje zwyczajny człowiek. On ma nieprzygotowaną i nieuporządkowaną świadomość, dlatego nie jest w stanie wejść na wyższy poziom i dojrzeć wyższy porządek w tym, co przyjmuje za chaos. Taki człowiek nie wyłowi żadnego systemu w zestawie przypadków. Nie ma dostępu do rozumienia wyższego porządku, ponieważ, mówiąc obrazowo, nie posiada do niego klucza. Nie ma klucza, który pasowałby właśnie do tego konkretnego zamka tych konkretnych drzwi. Jeśli próbuje zrozumieć, jeśli pyta o sens zdarzających się przypadków, nie otrzymuje prawidłowych odpowiedzi. Przypomina to sytuację, gdy pytający sam nie rozumie, o czym mówi, nie potrafi zadawać konkretnych pytań i dlatego dostaje niewłaściwe odpowiedzi. Oto znaczący przykład takiego dialogu dwóch głuchych:

– *Piotrek, przyrządy!*

– *Pięćdziesiąt!*

– *Co „pięćdziesiąt"?*

– *A co „przyrządy"?*

Uwaga! Teraz opowiadam o jądrze ruchu naszego świata, o tej jego naturze, do której może dotrzeć, z korzyścią dla siebie, umysł człowieka przygotowanego, który przeszedł wszystkie poprzednie cztery stopnie systemu DEIR. Natomiast świadomość nieprzygotowana jest zbyt nieuporządkowana i nie potrafi systematyzować przypadków.

Czym jest przypadek w percepcji ludzi przygotowanych, którzy dojrzeli do poziomu oddziaływania ze Światowymi Prądami?

To prosta sprawa. To, co nazywają chaosem, w rzeczywistości nim nie jest – jest dziwacznym połączeniem porządku i przypadku, które podlega określonym prawom.

Czym wobec tego są porządek i chaos? Musimy uświadomić sobie, czym są te zasadnicze pojęcia. Jest to niezbędne, ponieważ, podobnie do innych ludzi, żyjemy na wąskiej granicy między porządkiem a chaosem. Granica ta jest rozmyta. Można powiedzieć, że poruszamy się w życiu po bardzo wąskiej ścieżce, mając przepaść po prawej stronie, a po lewej – pionową ścianę. Możemy to przedstawić jeszcze inaczej: przypominamy marynarzy siekących chaos fal i pozostawiających za swoim statkiem geometrycznie prosty, uporządkowany ślad kilwateru.

Zaczniemy od określenia znaczenia słowa „porządek". Porządek – to kolejność zdarzeń, która może być opisana konkretną matematyczną formułą niedopuszczającą nieokreśloność. Zilustruję rzecz przykładem. Rzucamy kostką. Rzucamy i rzucamy – nieskończenie długo. Jeśli wtedy kostka wyrzuca oczka w pewnej kolejności, np.: 1, 2, 3, 4, 5, 6, 1, 2, 3, 4, 5, 6, 1, 2... – i tak w nieskończoność – to właśnie jest porządek.

Jeśli kolejność jest nieco inna, np.: 1, 2, 3, 1, 2, 3, 6, 5, 4, 6, 5, 4 – to też oznacza porządek, tylko inny. Jeśli wypada: 1, 6, 2, 5, 3, 4, 1, 6, 2, 5, 3, 4 – to też jest porządek.

Ludzie stale dążą do tego, by sprowadzić świat właśnie do takiej postaci. Chcą, żeby za jedną określoną cyfrą postępowała druga określona cyfra, za nią trzecia i żeby żadne inne cyfry nie występowały, żeby nie było innych wariantów. Po prostu, żeby za określonym działaniem zawsze szło przewidywalne, określone następstwo. Podam przykład. Jeśli idziemy do sklepu, chcemy mieć pewność, że kupimy tam ziemniaki. Chcemy dokładnie wiedzieć, że osiągniemy właśnie taki rezultat, że nie będzie jakiegoś innego wariantu, typu: poszliśmy do sklepu po ziemniaki, ale ich nie kupiliśmy, w zamian za to wlepiono nam mandat; albo: poszliśmy do sklepu, a w sklepie zostaliśmy porażeni prądem.

Porządek wyklucza takie nieprzewidywalne elementy, składa się tylko z przewidywalnych, powtarzających się elementów. Porządek jest wtedy, gdy włączyliśmy żelazko, żelazko się nagrzało i mogliśmy wyprasować to, co chcieliśmy. Jeśli włączylibyśmy żelazko, a ono by powiedziało: „Posłuchajcie najnowszych wiadomości" – to oznaczałoby brak porządku.

Teraz przejdźmy do wyjaśnienia słowa „chaos". Termin ten to przeciwieństwo porządku, czyli absolutne nieuporządkowanie. Przypuśćmy, że rzucamy monetą – najpierw wypada reszka, potem – orzeł. Powtarzamy tę czynność wielokrotnie. Jeśli mielibyśmy do czynienia z porządkiem, dalej najpierw wypadałaby reszka, potem – orzeł. Jednak nieuporządkowanie – to odwrócenie porządku, a więc teraz wypada orzeł, potem reszka.

Cóż się okazuje? Okazuje się, że brak uporządkowania też jest możliwy do przewidzenia! Nieuporządkowanie – to też swego rodzaju porządek! Żeby przewidzieć nieuporządkowanie, powinniśmy zastosować inny sposób rozumowania. Powinniśmy dokładnie wiedzieć, że jeśli poprzednim razem było tak, to następnym będzie dokładnie inaczej. Spójrzmy na przykład z żelazkiem. W przypadku porządku po włączeniu i nagrzaniu żelazka można prasować. W przypadku braku porządku powinniśmy wiedzieć, że jeśli poprzednim razem można było prasować żelazkiem, to teraz żelazko będzie śpiewało pieśni (patrz: rys. **15a, b**).

Gdyby istniał absolutny porządek, świat byłby całkowicie przewidywalny. Jeśli jednak w naszym świecie królowałby zupełny brak porządku – świat też stałby się absolutnie przewidywalny. W pierwszym przypadku człowiek zawsze wiedziałby: w tym miesiącu dostałem emeryturę, czyli w następnym też dostanę. W drugim przypadku pomyślałby: w tym miesiącu dostałem emeryturę, a to znaczy, że w następnym już jej nie dostanę.

Zrozumieliście już, że w świecie nie ma ani absolutnego porządku, ani zupełnego nieuporządkowania.

Okazuje się, że ani jedno, ani drugie nie zakłada przypadków i absolutnej przewidywalności. To tak, jakbyśmy byli ludźmi w 100 procentach złymi lub w 100 procentach dobrymi. Wszyscy zawsze wiedzieliby, czego się po nich spodziewać i jak się wobec nich zachować. Człowiek stuprocentowo dobry nigdy nikogo nie skrzywdzi, czyni dobro; stuprocentowo zły – nigdy niczego dobrego nie dokona, będzie postępował źle. A to oznacza, że należy wystrzegać się złych, a przyjaźnić z dobrymi. Wszystko jest jasne i zrozumiałe. W taki sam sposób, w razie zetknięcia się z absolutnym brakiem uporządkowania, można byłoby kierować się logiką „od przeciwnego" i nieprzerwanie odnosić sukcesy.

Jednak nic nie istnieje w tak czystej postaci. Żyjemy w bardzo kruchej warstwie istnienia, gdzie spotykają się granice przeciwieństw. To właśnie w tych granicach zachodzi wymieszanie chaosu i porządku. I tu właśnie zaczynają się prawdziwe przypadki i rzeczy nieprzewidywalne. Ta mieszanina nieuporządkowania oraz elementów porządku, którą ludzie nieprawidłowo nazywają chaosem, nie poddaje się żadnym matematycznym określeniom. Niemożliwe jest wyprowadzenie takiej matematycznej formuły!

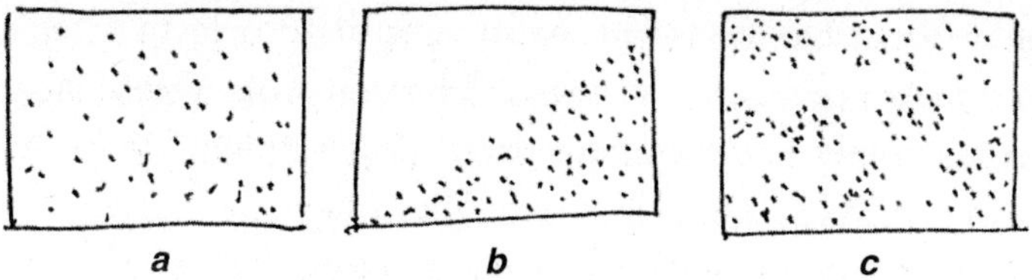

Rys. 15.
a, *b* – molekuły gazu równomiernie rozmieszczone w objętości – to chaos. Molekuły gazu zebrane w jednej połowie naczynia – to uporządkowanie; c – pełne odbicie świata – porządek przepleciony z chaosem.

Można powiedzieć, że ludzie żyją w świecie złożonym z mieszaniny absolutnego nieuporządkowania i elementów porządku, położonych w nieuporządkowalności w sposób nieuporządkowany (patrz: rys. **15c**).

Czy jest to skomplikowane? Absolutnie nie. Wszystko jest bardzo proste – przypomina coś, co dostrzegamy obecnie w Rosji. Emerytura np. kilkakrotnie zostanie wypłacona w terminie (porządek), następnym razem zatrzymają ją na czas nieokreślony (chaos), by potem jeszcze kilka razy znów ją na taki sam czas wstrzymać (inny rodzaj porządku), następnie znów zapłacą w terminie. (znów zakłócenie powstałego przed chwilą porządku, tj. chaos). Wobec tego życie człowieka jest mieszaniną porządku i przypadku.

Mówiliśmy już o tym, że chaos i zniszczenie są w rzeczywistości naturalnym stanem świata. Jeśli nic nie robić, nie włożyć twórczego wysiłku, wszystko w świecie stopniowo ulegnie zniszczeniu. Mówiliśmy o tym, że człowiek dąży do uporządkowania swojego świata. Dąży – ale nie zawsze mu się to udaje. Czasami tak, czasami – nie. To znaczy, że nie człowiek włada tymi procesami, nie on jest ich panem. Człowiek nie zawsze może stworzyć porządek według swej woli.

Skąd wobec tego w naszym chaotycznie niszczejącym świecie biorą się elementy porządku? Człowiek ich swoją wolą wnieść nie może, przy tym istniały one na długo przed pojawieniem się człowieka, w przeciwnym razie nie byłoby żadnej ewolucji.

To jest właśnie ta główna kwestia, na którą chcę zwrócić uwagę. Jest to niezbędne dla dalszej orientacji.

Sprawa polega na tym, że **wtrącenia porządku w chaos uwarunkowane są ruchami naszego nieskończenie wielkiego uduchowionego świata. Porządek powstaje dzięki skoordynowanym ruchom żywego świata, zwanym Światowymi Prądami.**

Dlaczego wobec tego te wtrącenia porządku rozmieszczone są w chaosie w sposób nieuporządkowany? To można wytłumaczyć nieskończoną złożonością procesów zachodzących w naszym świecie.

Dlatego mieszanina chaosu i porządku jest dziwaczna i nierównomierna. Przykładowo, na Ziemi jest bardzo dużo stref, w których przeważa chaos – te obszary stanowią większą część jej powierzchni. Istnieją też tzw. „miejsca siły", w których porządek przeważa nad chaosem. Nie jest ich wiele, rozmieszczone są nierównomiernie, bez żadnego porządku. Miejsce siły – to miejsce, gdzie naturalna energetyka Ziemi jest szczególnie silna i skoncentrowana. Takie miejsca od niepamiętnych czasów były ważne i pożądane przez szamanów i znachorów.

Możecie sami przekonać się o tym, jaka jest różnica między miejscem siły i chaosu (zakładając, że poszczęści się Wam i znajdziecie miejsce siły). Potrzebne będą akcesoria: kostka do gry, długopis i kartka papieru. Rzućcie kostką sto razy w zwyczajnym miejscu, a potem w miejscu siły. Zapisujcie wyniki i porównajcie je. Policzcie, ile razy pojawiły się elementy uporządkowania, np. ile razy kostka wyrzuciła oczka w kolejności 1, 2, 3 w zwykłym miejscu i w miejscu siły. Będziecie zdumieni widząc, że te wskaźniki różnią się w zwykłym miejscu i w miejscu siły czasami o dziesiątki razy! Te rezultaty są powtarzalne. Za każdym razem, gdy będziemy przeprowadzać eksperyment, stosunek wyników będzie taki sam.

Powstaje odczucie, że porządek podtrzymuje jakaś rozumna siła. Rzeczywiście, tak się dzieje. W zwykłym, energetycznie słabym miejscu wpływ Światowych Prądów jest zauważalnie mniejszy i porządek nie jest przez nie podtrzymywany. W miejscu silnym energetycznie przejawy Prądów są najbardziej widoczne. Siła w tym miejscu porządkuje kolejność oczek wypadających na kostce.

Rozważmy teraz kwestę, czym są Światowe Prądy i dlaczego nazywamy je rozumną siłą.

Światowe Prądy to nic innego, jak myślowe procesy Wszechświata.

Doskonale wiecie, że myśl jest materialna, niejednokrotnie sami się o tym przekonaliście, posyłając innym ludziom swoje myśli w postaci strumienia energii i informacji. Jednak myśli człowieka są tylko malutkimi strumyczkami w porównaniu z myślami Wszechświata. Wyobraźcie sobie, jaką moc i siłę mają te gigantyczne strumienie energoinformacyjne – rezultaty myślowej działalności całego Wszechświata! Niebezpiecznie jest stanąć na drodze takiego strumienia. W śmiertelnym niebezpieczeństwie jest ten, kto płynie pod jego prąd.

Światowe Prądy – to myśli Wszechświata, rezultat jego wewnętrznego życia. Myśli Wszechświata nieustannie się poruszają. Każdy proces zachodzący tam, na wyższych poziomach, w nieco inny sposób odbija się w materialnym świecie. Naturalnie, na kulę ziemską wpływają i wnoszą zmiany myśli Wszechświata. Zmiany te są wprowadzane za pośrednictwem zdarzeń, które wydają się przypadkowe. My jednak możemy analizować przypadki zachodzące wokół nas. Dzieje się tak dlatego, że nasza świadomość, choć nieporównywalna ze Światowymi Prądami, cały czas jest narzędziem tej samej natury!

Jednak elementy uporządkowania, wniesione do świata przez Światowe Prądy, nie dotykają wszystkich zdarzeń, zatem w sposób nieunikniony zderzają się z elementami chaosu. Nie zapominajmy, że wszyscy żyjemy na tej granicy istnienia, gdzie spotykają się chaos i porządek. Stąd otrzymujemy dziwaczne połączenie porządku i nieporządku, które obserwują zwykli ludzie.

Jednak wzniósłszy się na wyższy poziom, jak to się stało w Waszym przypadku, można dotknąć świadomością Światowych Prądów, próbować przyjąć zasady gry przez nie tworzone i zacząć żyć stosownie do tego porządku. Wtedy porządek taki pojawi się także w naszym życiu. A to oznacza, że przestaniecie zależeć od chaosu i przypadku. Będziecie mieć swoje życiowe prawa nieznane zwykłym ludziom. Oni nie będą rozumieć, w jaki sposób odnajdujecie w życiu ścieżkę prowadzącą Was od czegoś dobrego do jeszcze lepszego. Nie wiedzą, że taką ścieżkę dobrze widzą ci, którzy dostali się na poziom Światowych Prądów. Wszyscy, którzy tego nie zrobili, z dołu nie widzą tej ścieżki, tylko jamy, kamienie, wyboje, o które się potykają.

W dole jest mieszanina chaosu i porządku nazywana ziemskim życiem.

W górze – widoczna droga – jeśli nią pójdziemy, możemy uporządkować swoje życie, pozostawiając dla rozrywki i urozmaicenia część ziemskich przypadków i nieprzewidzianych zdarzeń.

Tylko w taki sposób można zrealizować nieosiągalne dla większości ludzi marzenie, o którym mówiliśmy wcześniej: żeby cała droga życiowa była stabilna, gładka, bez kolein, ale żeby czekały też na nas różne przyjemne przypadki. Tego celu nigdy nie osiągniemy, jeśli próbowalibyśmy oddziaływać na świat materialny w inny sposób – „siłowy”, zmieniając go i urządzając tak, by żyć pomyślnie. Ani wysokie zarobki, ani majątek w postaci wielu domów, ani samochody z przyciemnionymi szybami, ani wreszcie – mnóstwo ochroniarzy – przed niczym Cię nie zabezpieczą, nie uchronią. Gwarancję dają wyłącznie Światowe Prądy – prawa rządzące światem przypadku, jeśli oczywiście wpiszesz się w nie.

Ogólnie rzecz biorąc, myślowe procesy Wszechświata nas nie dotyczą, po prostu toczą się swoją drogą. Jednak ludzie, którzy dojrzeli do tego poziomu, otrzymują prawo i możliwość „podsłuchania" myśli Wszechświata. Mogą więc z powodzeniem wykorzystać to do urządzenia swojego życia.

Teraz przypomnijmy sobie, o czym już mówiliśmy: znaczenie posiadają nie wydarzenia same w sobie, ale ich sens dla nas osobiście.

Wzajemne oddziaływanie ze Światowymi Prądami powoduje tworzenie się określonych pól znaczeń. Prądy myślą nie faktami, nie zdarzeniami, a znaczeniami zdarzeń. Oznacza to, że „podsłuchując" Światowe Prądy, „podsłuchujemy" informację nie o zdarzeniach otaczającego świata, ale o wewnętrznym sensie i znaczeniu tych zdarzeń – o sensie i znaczeniu w odniesieniu do nas osobiście, do naszej świadomości.

Każde zdarzenie, początkowo wydające się przypadkowe, dla świadomości, czyli subiektywnej realności, ma swoje znaczenie. To bardzo ważne! Jeśli się nad tym zastanowić, to znaczenie należy do bardzo subiektywnych kategorii. Oznacza to, że każdy fakt, każde słowo, każdy obiekt świata zewnętrznego mają znaczenie tylko dlatego, że istnieje jakaś świadomość, która to przyjmuje i analizuje.

Właśnie dlatego w dowolnym obrazie, książce, zdarzeniu każdy spostrzeże coś dla siebie. Wszyscy czytający książki dotyczące systemu DEIR znajdują w nich coś swojego. Niemożliwe jest więc założenie, że wszyscy czytelnicy, którzy przyswoili sobie tę serię książek, posiądą identyczną wiedzę. Nie, tak się nie stanie. Każdy będzie miał swoją osobistą, własną wiedzę. Z pewnością często zwracaliście uwagę na to, że ludzie widzą w tych samych zdarzeniach i faktach to, co chcą zobaczyć, na co najbardziej czekają, co jest zgodne z procesami zachodzącymi w ich świadomości. Podam przykład. Narzeczony przestał dzwonić do swej przyszłej żony. Mama mówi dziewczynie: „Widzisz, nie jesteś mu już potrzebna". Siostra twierdzi: „Nie, on naprawdę cię kocha, po prostu chce wzbudzić twoją zazdrość". Koleżanka jest następującego zdania: „On wątpi, nie jest pewny, czy dobrze robi, żeniąc się z tobą". Komu wierzyć, kogo słuchać? Wierzyć sobie i słuchać siebie. Dlaczego? Dlatego, że sens takiego samego wydarzenia jest subiektywny dla różnych ludzi.

Jest to zupełnie zrozumiałe i jasne. Jeszcze jeden przykład. Do młodego małżeństwa przyjeżdża w odwiedziny matka żony, teściowa męża. To dobrze czy źle? Obiektywnie rzecz biorąc – ani jedno, ani drugie. To po prostu fakt, nic więcej. Natomiast z subiektywnego punktu widzenia znaczenie tego zdarzenia jest zupełnie inne dla młodej żony i jej męża...

W życiu stykamy się nie tyle z faktami i zdarzeniami, ile z polami znaczeń tych faktów i zdarzeń. Gdy orientujemy się wyłącznie na zdarzenie, fakt – na materialne – fizyczne działanie, nie będziemy mogli zorientować się w świecie. Jeśli skupiamy się wyłącznie na działaniu i tylko je oceniamy, nie biorąc pod uwagę jego znaczenia, właśnie dla nas i właśnie w danej sytuacji – wciąż się mylimy. Oto przykład. Zdecydowaliśmy, że zarobimy sto dolarów. Dobrze zarobić trochę pieniędzy. Zarabiamy, ale w tym samym czasie spada kurs dolara i nasz zarobek jest niewiele wart.

Tak się stało dlatego, że byliśmy zorientowani na sam fakt, na działanie, nie braliśmy pod uwagę pola jego możliwych znaczeń.

Taką informację o polach znaczeń właśnie na daną chwilę i właśnie dla nas można otrzymać wyłącznie wtedy, gdy podłączymy się do Światowych Prądów. Gdy otrzymamy taką informację, możemy przewidzieć znaczenie oraz sens działania lub zdarzenia dla nas osobiście.

Cała nasza nawigacja w morzu życia – to nawigacja nie między faktami i zdarzeniami, a właśnie między polami znaczeń tychże zdarzeń i faktów.

Od tego, na ile umiejętnie, jak biegle władamy sztuką nawigacji, zależy wszystko – sukces, dobrobyt, żywotność, odporność, siła lub wegetacja i więdnięcie.

Z brakiem umiejętności wcielania w życie nawigacji wiążą się bankructwa wielu firm. Spółka od początku zaczyna dobrze prosperować, osiąga pełen pułap i przez pewien czas działa stabilnie. Za jej działalnością stoi konkretny człowiek o konkretnej świadomości. Dopóki rozwijał firmę aż do momentu jej stabilizacji, wszystko przebiegało wspaniale. Potem w świecie coś się niedostrzegalnie zmieniło. Jeśli prowadzący firmę potrafi swą świadomością wyłowić tę zmianę i wpisać się w nią – zarówno on, jak i jego firma dalej będą prosperować. Co oznacza zmiana w świecie? To, że stare znaczenia zdarzeń i faktów zmieniły się na nowe. Będzie źle, jeśli człowiek tego nie dostrzeże. Znaczenia zdarzeń są już inne, nowe, a on postrzega je jak dawniej. Zaczyna popełniać błędy. Firma traci kontrahentów, spadają obroty. Podejmowane są próby, by temu zaradzić, jednak – ponieważ wszystko to dzieje się w ramach starych znaczeń – brak pozytywnego rezultatu. Firma bankrutuje, choć tuż obok rozkwitają i świetnie prosperują inne spółki! Dzieje się tak dlatego, że ich właściciele potrafili w odpowiednim czasie dostrzec zmianę zdarzeń otaczającego świata w odniesieniu do siebie i swojej firmy.

Można to porównać z sytuacją, kiedy w państwie zmieniają się prawa, a obywatel nic o tym nie wie. Nie domyśla się, że zgodnie z nowymi przepisami zabronione jest, pod karą więzienia, włączanie światła po północy. Człowiek tego zakazu nie przestrzega – przecież nic o nim nie wie – i trafia za kratki. Nikt nie jest winnien – należało w odpowiednim czasie dostrzec nowe znaczenie starego faktu. Nieznajomość przepisów nie zwalnia od odpowiedzialności.

Kwestia praw subtelnego świata energoinformacyjnego jest bardziej złożona. Nie ma ich w żadnym kodeksie, w żadnej konstytucji. Można je tylko zrozumieć „z powietrza", przy pomocy własnej świadomości. Żaden fakt, zjawisko czy zdarzenie nie posiadają etykietki wyjaśniającej ich sens. Jeśli chcesz się tego dowiedzieć, porównaj swoje pragnienia z biegiem Światowych Prądów, a wtedy zrozumiesz, że tych sensów jest wiele i mogą się one zmieniać w okamgnieniu.

Nawiasem mówiąc, tylko z tej przyczyny Ziemianie nie mogą nawiązać kontaktu z innymi cywilizacjami. Przecież nie jesteśmy sami we Wszechświecie, to oczywiste! Jednak znaczenia tych samych faktów dla nas i dla innych światów są zupełnie różne. Przykładowo (umownie rzecz biorąc), nasze rozumienie słów: „Dzień dobry", dla nich, w najlepszym przypadku, może być zupełnie pozbawione sensu, a w gorszym – może oznaczać coś przeciwnego, np. „nie chcemy was znać".

To bardzo łatwo zrozumieć. Ziemia może bez przerwy wysyłać w kosmos przyjacielskie przesłania, jednak obce cywilizacje dostrzegają inny sygnał: szum dobiegający z naszej planety. To jest dla nich prawdziwym językiem, to stanowi prawdziwy sens przesłania, a nie nasze grzeczne gięcie się w ukłonach, których po prostu nie zauważają, gdyż jest to dla nich pozbawione sensu.

Gdy dostrzegamy znaczenie i sens zdarzeń, przypadki przestają być przypadkami. Przecież każdy przypadek ma jakiś sens. Nawiasem mówiąc, w przykładzie mówiącym o rozwoju i upadku firmy czasami wszystko może uratować... nowicjusz. Może nim być np. świeżo pozyskany znaczący współpracownik lub nowy kierownik. Przecież jego świadomość nie jest jeszcze obciążona starymi znaczeniami tego, co zachodzi wokół. On, w odróżnieniu od „starych" pracowników, dzięki swemu świeżemu spojrzeniu potrafi dostrzec prawdziwe znaczenia. Przykładowo, stary pracownik chce przedłu-

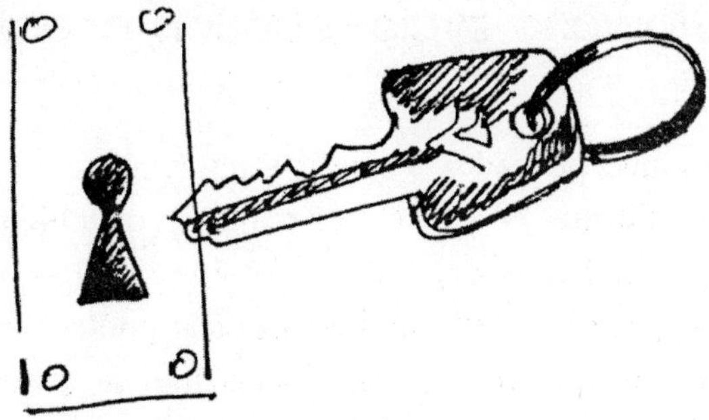

Rys. 16. Niemożliwe jest otwarcie zamka znaczeń Światowych Prądów nieodpowiednim kluczem swoich znaczeń. Zamka nie można wymienić, ale można zmienić klucz.

żyć umowę z kiedyś niezawodnym partnerem, ale nowy może poczuć, że wszystko uległo zmianie, że ów partner nie jest już wiarygodny – i tym samym uratować firmę.

Podobne zjawiska przyczyniły się do powstania powiedzenia: „Nowicjuszom Fortuna sprzyja". Mają szczęście zarówno w kartach, jak i w ruletce właśnie dlatego, że do ich świadomości jeszcze nie przeniknęły stereotypy zachowania się w różnych sytuacjach. Nowicjusze zachowują się spontanicznie, działają intuicyjnie i w ten sposób orientują się w prawdziwym sensie zjawisk.

Potem jednak nowicjusze przestają już być nowicjuszami i obrastają w stereotypy zachowań. A tam, gdzie mamy do czynienia z rutyną, nie ma prawdziwego odczucia żywego, poruszającego się świata.

Możemy cały czas pozostawać „nowicjuszami", którym los zawsze sprzyja. Możemy nimi pozostać nawet wtedy, gdy mamy za sobą ogromne życiowe doświadczenie.

Jesteśmy w stanie sprawić, aby Światowe Prądy nam służyły. Musimy tylko wiedzieć i rozumieć, w jaki sposób posługiwać się nawigacją pośród pola znaczeń.

Strefowość życia: sposób orientacji

Jak już wiemy, porządek i chaos w naszym życiu rozłożone są nierównomiernie. Wiąże się to z mającym obecnie miejsce charakterem wzajemnych relacji ludzi i Ziemi ze Światowymi Prądami. Gdzieś istnieją miejsca siły i tam łatwiej jest podłączyć się do Prądów (w takich miejscach po prostu wyraźniej się przejawiają), co oznacza, że łatwiej wnieść do swego życia więcej porządku. Tam, gdzie grupuje się wielu ludzi o wysokim stopniu rozwoju, we wszystkim, co zachodzi, będzie więcej porządku. W miejscach, gdzie gromadzi się wrzeszczący tłum o niższym stopniu organizacji, będzie mało porządku, za to sporo chaosu.

Z takim niejednorodnym wpływem Światowych Prądów wiąże się zjawisko zwane strefowością życia.

Wszyscy wiedzą, że życie przypomina marynarską koszulę w pasy: za jasną strefą następuje ciemna. Istnieją strefy wielkich rozmiarów (dobry rok – zły rok), ale są także obszary obejmujące krótki odcinek czasu – okres realizacji jakiegoś zadania, jednej określonej sprawy. Wielu studentów wie, że takie strefy (pasy) mogą zmieniać się nawet w granicach jednej sesji egzaminacyjnej: jeśli na pierwszym egzaminie się udało, nie licz na to za drugim itd. Związane jest to z faktem, że rozkład powodzenia w sferze (pasie) znaczeń ma tendencję do stałości, do tego, by zachować niezmienny charakter.

W przyrodzie występuje wszystko: i porządek, i chaos – to, co pozytywne, oraz to, co negatywne. W człowieku też wszystko dąży do harmonii, dlatego nie udaje się trwać tylko w dobrym, nie dopuszczając do siebie niczego złego. Coś takiego nie ma miejsca.

Jeśli nam się bardzo poszczęściło, w jakimś sensie staliśmy się dłużnikami natury. Dlaczego? Świat otaczający kulę ziemską dąży do równowagi chaosu i porządku. W taki sposób przejawia się najważniejsze prawo życia głoszące, że: za wszystko trzeba płacić.

Ktoś może zapytać, jak strefowość może mieć miejsce na nowym poziomie rozwoju, gdy, logicznie rzecz biorąc, jeśli przestrzegać praw Światowych Prądów, będzie można poruszać się po gładkiej, szerokiej drodze ciągłego szczęścia i dobrobytu? W znaczeniu wyższym tak właśnie będzie. Znajdziecie się na głównej linii Waszego życia, uświadomicie sobie jego sens, swoje życiowe zadanie i droga będzie dla Was równoznaczna z porządkiem i harmonią. Jednak w życiu ziemskim droga ta wciąż przechodzi przez czarno – białe pola znaczeń. Zadanie polega na tym, żeby nie zbaczać z głównej drogi w te pola i korygować je własnymi siłami. Macie taką siłę – czerpiecie ją z własnej głównej drogi przygotowanej z pomocą Światowych Prądów. Właśnie ta siła pomoże Wam zupełnie inaczej organizować strefowość życia, w taki sposób, by było strefowe tylko jako forma, a nie ze względu na swą istotę.

Strefowość życia ziemskiego jest nieunikniona. Na szczęście dla nas zawiera jeden kruczek. Jego istota polega na tym, że ponieważ znaczenia zdarzeń są sprawą subiektywną, to ocena zdarzeń jest także subiektywna. W jaki sposób określamy, że życie jest podzielone na strefy? Osobiście je oceniając! Za każdym razem, gdy oceniamy zdarzenie jako nieudane, przesuwamy nasze „wahadło znaczeń" do negatywnej strefy. Sami je przesuwamy, nikt tego za nas nie robi! Proszę zauważyć, nie robi tego życie. To my mu mówimy: życie, podrzuciłeś nam jakieś paskudztwo. Wtedy wahadło przechyla się w inną stronę – stara się odtworzyć równowagę. Wówczas mówimy: jakże wszystko się udało, jakie to piękne! A życie znowu dąży do odbudowania równowagi, odpychając wahadło w przeciwną stronę.

Oznacza to, że w pewnym stopniu można życie oszukać! W jaki sposób? Po prostu, dokonując ponownego rozdzielenia swoich ocen. Tak możemy nauczyć się kierować strefowością życia.

To po pierwsze. A po drugie, pojęcia „dobrze" i „źle" są więcej niż umowne i bardzo subiektywne. Sami z łatwością możemy stwierdzić, co dla nas będzie oznaczać słowo „źle", tj. jak zapłacimy za powodzenie. To umowne „źle" w rzeczywistości nie musi oznaczać nic złego. „Źle" może przecież stać się walutą, którą płacimy za pomyślność w życiu. Tak, za wszystko trzeba płacić, ale walutę, którą płacimy, wybieramy sami. Wybierzmy więc taką, która nam odpowiada.

Z łatwością rozdzielając ponownie oceny „dobrze" i „źle", tak, jak potrzebujemy, obniżamy na swój użytek wielkość, doniosłość, znaczenie zdarzeń dobrych i złych. Gdy obniżenie tej wartości zachodzi w naszej świadomości, wtedy także w życiu zaczynamy w mniejszym stopniu zależeć od strefowości. Oznacza to, że przestajemy się podporządkowywać długim okresom zmiany powodzenia i niepowodzenia.

Oto, co daje nam umiejętność kierowania strefowością życia.

Jesteśmy w stanie zrobić coś jeszcze. Jeśli zapragniemy, możemy pójść dalej – nie przykładając zbyt dużego znaczenia ani do ziemskiego powodzenia, ani niepowodzenia. Możemy także nauczyć się przyciągać do siebie malutkie niepowodzenia, ale za to duże powodzenia. W tym celu należy zrobić tak, aby powodzenie ułożyło się na wielkich i ważnych dla nas sprawach. Natomiast niepowodzenia pozostawimy w gestii mało znaczących i nieistotnych kwestii. W ten sposób złożymy daninę materialnej naturze ziemskiej, ziemskiemu czarno – białemu światu – ustawimy pokrętło na słowie „źle", a ono zatrzyma się na nim i już nie będzie go tam, gdzie nie trzeba.

Jak opanować tę sztukę? Na początku powinniśmy nauczyć się orientować w swojej wewnętrznej przestrzeni wirtualnej, gdzie znajdują się struktury świadomości. Potem w tym wewnętrznym świecie świadomości trzeba znaleźć obszary „dobrze" i „źle" i nauczyć się usuwać z nich centrum swej świadomości. Nie jest to takie trudne: jak wkrótce się przekonacie, dla orientacji w wewnętrznym świecie świadomość wykorzystuje przestrzenny układ współrzędnych!

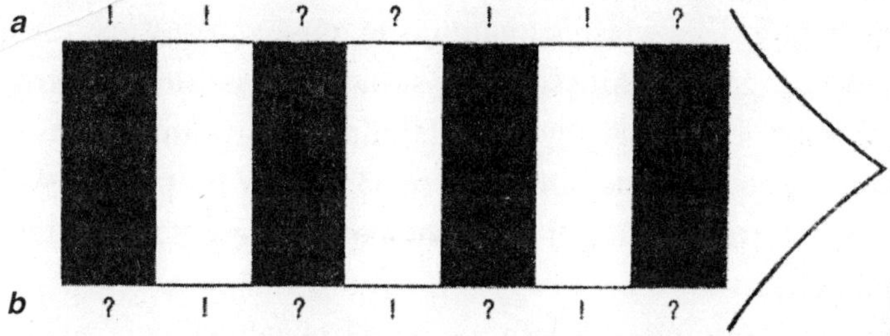

Rys. 17. Życie ma układ strefowy (pasowy), jest niczym marynarska koszula w pasy. Jeśli znajdujecie się w ciemnej strefie (ciemnym pasie), to znaczy, że wkrótce zaczniecie przebywać w jasnej. Strefy rozkładają się przypadkowo (*a*), więc na jasną jej część przypadają zarówno sprawy ważne, jak i nieważne. Jednak można przyrównać swoje znaczenia do strefowości (*b*) i wszystkie niepowodzenia znajdą się na obszarach o niewielkim znaczeniu, zaś powodzenie – w strefach znaczących.

Jesteście gotowi? Zaczynamy!

• *System nawyków DEIR* Stopień 5.

Krok 1. Odkrycie wirtualnej przestrzeni swojej świadomości

Siądźcie wygodnie i zamknijcie oczy. Zobaczycie przed sobą pustą, ciemną przestrzeń. Można powiedzieć, że znaleźliście się w pustej, ciemnej przestrzeni. Tak właśnie jest. Jesteście w wirtualnej przestrzeni swojej świadomości. Poczujcie objętość tej przestrzeni. Podobnie jak zwykła przestrzeń ziemska, ta wirtualna też ma trzy wymiary. Nie ma w niej tylko ograniczającego horyzontu. Jeśli spróbujecie sobie wyobrazić dowolny obrazek, pojawi się on gdzieś z przodu, nieco powyżej oczu, jakby na ekranie. Jednak oprócz tego ekranu jest jeszcze przestrzeń pustki.

Czy skupiliście się jak należy? Czy odczuliście siebie wewnątrz przestrzeni świadomości? Jeśli tak, to dobrze. Przypomnijcie sobie teraz wers dowolnego wiersza. Spróbujcie określić, gdzie w przestrzeni, w której się właśnie znajdujecie, umieszczony jest ten wers. Nie szukajcie go wewnątrz siebie, w swoim ciele i w duszy albo gdzieś w niebiosach. Określcie jego współrzędne w wirtualnej przestrzeni, w której się znajdujecie. Gdzie to jest? U góry po prawej, w środku, po lewej stronie, z lewej strony na dole czy jeszcze gdzie indziej? Całkiem blisko czy daleko?

Teraz przypomnijcie sobie zapach konwalii. Gdzie on leży w Waszej wewnętrznej przestrzeni? Nie dziwcie się, jeśli się okaże, że jest położony w zupełnie innej jej części. Kontynuujmy wspomnienia. Smak cytryny... Czy przypomnieliście sobie odczucie? Wbijamy zęby w żółty przezroczysty krążek, na języku czujemy kwaśny sok... W którym miejscu wirtualnej przestrzeni to leży? Szukamy, określamy współrzędne.

Teraz wspomnienie innego rodzaju. Przypomnijcie sobie tabliczkę mnożenia. Nie trzeba jej powtarzać na pamięć, wystarczy przypomnieć sobie, że dwa razy dwa to cztery, albo wyobrazić, jak wygląda (pamiętacie ją z okładek szkolnych zeszytów?) lub też przypomnieć sobie swoje odczucie z lekcji matematyki, gdy uczyliście się jej na pamięć. W którym miejscu Waszej wirtualnej przestrzeni znajduje się tabliczka mnożenia? Wspomnijcie teraz coś przyjemniejszego: pyszny szaszłyk, błękitne morze, bukiet róż...

Widzicie, że wszystko to umieszczone jest w różnych miejscach Waszej wewnętrznej przestrzeni i że przestrzeń ta z natury rzeczy jest bezgraniczna, ponieważ mieści się w niej tak wiele. Przestrzeń pomieści wszystko, co zawiera nasza świadomość!

Prawda, że jest to interesujące? Gdy zamykamy oczy, odkrywamy, że wykorzystujemy dla orientacji we własnej przestrzeni wewnętrznej najzwyklejszy układ współrzędnych w przestrzeni: wyżej – niżej, bardziej w prawo – w lewo, bliżej – dalej. Od razu powiem, że rozmieszczenie elementów naszej świadomości w tej przestrzeni jest stabilne, nie ulega zmianom. Miejsce, w którym po raz pierwszy odkryliśmy tę czy inną linijkę wiersza jest stałe – zawsze, gdy będziemy jej szukać, pojawi się w tym samym miejscu. Jednego możemy być pewni, odkrywając „miejsce zamieszkania" smaku cytryny, tabliczki mnożenia itd. – zauważamy, że będą zawsze leżeć tam, gdzie odkryliśmy je za pierwszym razem!

W tej właśnie przestrzeni leżą interesujące nas obszary „dobrze" i „źle".

- ***System nawyków DEIR*** Stopień 5.

Krok 2a. Odkrycie wewnętrznego obszaru „dobrze"

Zanim zaczniemy realizować to zadanie, musimy usiąść przy stole, wziąć kartkę, długopis i spisać przyjemne wspomnienia. Nie zastanawiajmy się długo, zapisujmy to, co pierwsze przyjdzie do głowy. Może to być ubiegłoroczny wyjazd nad morze, jakaś zabawa w dzieciństwie, smaczne ciastko zjedzone wczoraj itd. Zapisując, przypominajmy sobie odczucia związane z tymi przyjemnymi zdarzeniami – jak dobrze się wtedy czuliśmy. Waga wydarzeń nie jest ważna – mogą to być zarówno sprawy poważne, np. sukcesy życiowe, jak i drobiazgi – najważniejsze, by powstało odczucie radości i ciepła. Wystarczy, gdy zrobicie spis pięciu – sześciu takich zdarzeń.

Teraz usiądźcie wygodnie, rozluźnijcie się, zamknijcie oczy i po kolei odszukajcie wszystkie zdarzenia spisane w wewnętrznej przestrzeni. Odkryjecie wtedy, że chociaż te zdarzenia mają różne współrzędne przestrzenne, coś je łączy. Tym czymś jest wspólny punkt styczności lub przecięcia – inaczej mówiąc, obszar wspólny dla wszystkich przyjemnych zdarzeń. Odkryjmy ten obszar – w ten czy inny sposób posiada go strefa każdego z przypomnianych sobie przyjemnych zdarzeń.

Ten obszar jest właśnie poszukiwaną przez nas strefą „dobrze".

Zapamiętajcie, gdzie się znajduje. Jeszcze raz sprawdzamy, czy zapamiętaliśmy jej położenie. Utrwalamy to, co zapamiętaliśmy, i otwieramy oczy.

W taki sposób odkryliśmy, że wszystkie dobre wspomnienia posiadają wspólny obszar. Wszystkie zawierają w sobie obszar „dobrze". Teraz znaleźliście ten obszar. Przyda się, zobaczycie.

- ***System nawyków DEIR*** Stopień 5.

Krok 2b. Odkrycie wewnętrznego obszaru „źle"

Teraz czeka nas zadanie mniej przyjemne. Spisywaliśmy wcześniej przyjemne zdarzenia. Teraz powinniśmy spisać zdarzenia nieprzyjemne. Nie muszą to być zdarzenia tragiczne, związane z ogromnym bólem i cierpieniem. Wystarczy przypomnieć sobie nieprzyjemności „średniego kalibru", np.: niezdany egzamin, lanie, jakie w dzieciństwie spuścili rodzice, czy to, że przełożony nam zwymyślał.

Teraz zamknijcie oczy i tak samo, jak robiliście w przypadku „dobrze", znajdźcie ten obszar, w którym przecinają się wszystkie nieprzyjemne zdarzenia. To strefa „źle". Sprawdźcie, a następnie utwierdźcie się w tym, że znacie dokładnie miejsce, gdzie znajduje się ta strefa, utrwalcie ją. Otwórzcie oczy.

Odkryliście obszar „źle". Jeszcze będziemy go potrzebować.

Wiemy już, że wszystkie wspomnienia, dobre i złe, żyją w przestrzeni naszej świadomości nie byle gdzie i nie byle jak. Są uporządkowane, związane z jednym określonym miejscem. Wyraźnie znają swoje miejsce! Cieszcie się z takiego uporządkowania wewnątrz siebie: rozmieszczenie wspomnień w naszej wirtualnej przestrzeni jest sprawą indywidualną i stałą. Teraz pozostanie już tylko wykorzystanie odkrytych obszarów, aby włączyć się w system kierowanej strefowości.

Ta metoda opiera się na pewnej zasadzie. Wystarczy, że określimy jakiś okres swego życia jako „dobrze", a od razu ruszy niewielka fala okoliczności chcących przesunąć nas do „źle". Jeśli będziemy sprzeciwiać się tej fali, będzie rosnąć tak długo, aż całkowicie przesunie nas na obszar „źle". Gdy jednak przestaniemy się kurczowo trzymać „dobrze" i uczciwie przyznamy się przed sobą, że rzeczywiście jest źle, okoliczności same zaczną przesuwać się w stronę „dobrze" – początkowo w postaci niewielkiej fali, a potem – lawinowo.

Od czego jednak zacząć naukę kierowania naturalną strefowością? Od czego chcemy. Można zacząć już teraz. Jak oceniacie to, co właśnie teraz dzieje się z Wami? Dobrze czy źle? A może nie oceniacie swojego stanu, po prostu myślicie o nim w kategoriach neutralnych? I wspaniale. W sensie dosłownym ocenicie ten stan jako wspaniały, nadając mu nazwę „dobrze". Jak to jednak zrobić, jeśli nic wspaniałego się nie dzieje? Bardzo łatwo. Można wyciągnąć na powierzchnię świadomości pewne niewielkie, ale przyjemne drobiazgi, nadmuchać je niczym balonik (*zrobić z muchy słonia*) – i zacząć się rozkoszować. Może to wyglądać tak: „Ach, jak mi dobrze – tak ciepło i przytulnie w tym fotelu" albo: „Jaki piękny kwiatuszek pojawił się na parapecie". Można wyćwiczyć się w odnajdywaniu i rozdmuchiwaniu tego typu drobiazgów. Na początek spróbujcie utrzymać się w stanie „dobrze" w czasie trzech – czterech godzin. W ten sposób włączycie swoją świadomość w pewną dyscyplinę wykorzystania niejednorodności pola znaczeń otaczającego świata i stworzycie dla siebie kierowaną strefowość. Sami rozumiecie, że poważne, szczere wykonanie tego jest nie tyle trudne, lecz wręcz niemożliwe.

Dlatego spróbujmy zastosować inną metodę. Najpierw musimy przypomnieć sobie, czym jest uczucie „ja jestem" i w jaki sposób znajdować je w sobie. Najuważniejszym czytelnikom nie trzeba, oczywiście, tego przypominać, gdyż niewątpliwie dobrze opanowali ten ważny element systemu i, naturalnie, posiadają znaczną praktykę w jego wykorzystaniu. Jednak nawet dla nich wskazane będzie przypomnienie sobie czwartej części książki „Dojrzałość" po to, żeby odświeżyć w pamięci i odczuciach, co oznacza uczucie „ja jestem". Jeśli niezbyt dokładnie pamiętamy określony temat, tym bardziej powinniśmy jeszcze raz go samodzielnie przejrzeć lub przyjść na zajęcia szkoły systemu DEIR.

- ***System nawyków DEIR*** Stopień 5.

Krok 2c. Włączenie do systemu sterowanej strefowości

Siądźcie wygodnie i zamknijcie oczy. Przez pewien czas po prostu patrzcie w ciemność, jakbyście wpatrywali się w dal. W ten sposób uspokoicie wzrok, rozluźnicie powieki i zlikwidujecie nieuporządkowany ruch źrenic.

Teraz przeprowadźcie redukcję swojej świadomości do górnego punktu „ja jestem" (przypomnijcie sobie, co robiliśmy podczas czwartego stopnia systemu DEIR – punkt ten znajduje się w miejscu wejścia schodzącego strumienia!).

Zwiększcie schodzący strumień (są to już zupełnie elementarne ćwiczenia, tym zajmowaliśmy się na początku pierwszego stopnia, więc myślę, że nie trzeba nikomu przypominać, jak to się robi). Teraz przypomnijcie sobie, gdzie znajduje się obszar „dobrze". W rytm wejść zacznijcie przesuwać punkt „ja jestem" do obszaru „dobrze". Gdy tylko punkt znajdzie się w tym obszarze, naszą świadomość natychmiast przenikną, niczym promienie słońca, radosne i przyjemne odczucia.

Rozkoszujmy się tym stanem przez chwilę, a potem, wciąż się na nim koncentrując, powoli otwórzmy oczy. Światło, które widzicie podczas tej czynności i które wpuszczacie w siebie, utrwala zlanie się punktu „ja jestem" z obszarem „dobrze".

Odpocznijcie dziesięć – piętnaście minut i powtórzcie ten krok jeszcze raz od początku. Musicie powtarzać go minimum dziesięć – piętnaście razy z przerwami (gdy poczujecie na to ochotę) w ciągu pięciu – sześciu godzin.

Po kilku dniach powtórzcie całą procedurę. I znowu wróćcie do niej po kilku następnych. Krok ten należy powtarzać tak długo, aż w życiu zaczną być widoczne realne rezultaty naszej pracy.

Jakie to powinny być rezultaty?

Przy zachowaniu wspaniałego stanu wewnętrznego w życiu na pewien czas pojawi się pewnego rodzaju „próżnia". Życie przestanie oferować możliwości osiągania zadowolenia i radości. Niech Was to nie przestraszy, trzymajcie się, to nic strasznego, a jedynie gwarancja przyszłych pozytywnych zmian. Oprócz tego w tym radosnym stanie wewnętrznym zrozumiecie, że pewna zewnętrzna niedogodność to nic nieznacząca bzdura. Pomyślimy, że nie mogliśmy kupić tanich bananów, że kefir rozlał się w lodówce, że koledzy nie dzwonią, nie zapraszają do kina czy na dyskotekę. Przecież to wszystko drobiazgi! Żebyśmy zawsze mieli tylko takie nieprzyjemności w życiu!

Nie martwcie się, wszystko to robimy, by mieć tylko tego rodzaju przykrości, nie większe.

U każdego w innym czasie pojawia się oczekiwany rezultat – u jednych wcześniej, u drugich później. Ważne jest, żeby natychmiast, gdy się pojawi, oznaczyć go słowem „źle".

Gdy opatrzymy ten okres życia znakiem „źle", bieg zdarzeń natychmiast zacznie dążyć do tego, by przełamać to i zmienić na lepsze. Do lepszego będzie dążył nie w drobiazgach, a faktycznie dla nas ważnych dziedzinach.

Jednak uważajcie, gdyż w drobiazgach będzie zachowane niedostateczne powodzenie. Dlatego musicie zdecydować od razu: czy jesteście gotowi na to, by poświęcić drobiazgi, by powodziło Wam się w czymś wielkim? Myślę, że na naszym poziomie rozwoju bez żadnych wątpliwości odpowiecie „tak". Drobiazgi znaczą już tak niewiele, że po prostu są niezauważalne i zupełnie nie ma znaczenia powodzenie w tej kwestii. Natomiast w dużych sprawach będzie nam się powodzić. Gra jest warta świeczki.

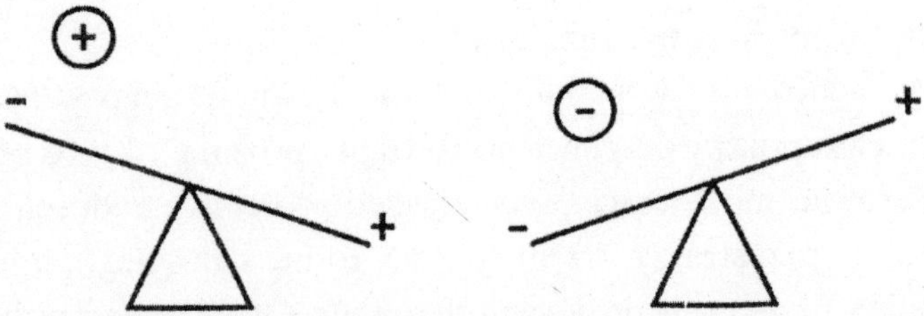

Rys. 18. Nasz wewnętrzny obszar „dobrze" jak magnes przyciąga zdarzenia ze znakiem „źle". Jednak wystarczy, że zmienimy obszar na „źle" przy zachowaniu tych samych zdarzeń, a na powierzchnię zostaną wypchnięte zdarzenia o znaczeniu „dobrze".

Wskazane byłoby przy tym nie wystawiać losu na próbę bez potrzeby – lepiej nie grać w kasynie ani na loteriach. Po co mielibyście na takie głupstwa przeznaczać część drogocennego powodzenia? Niech więcej go zostanie na coś naprawdę ważnego.

Pamiętacie znane powiedzenie: „Komu nie idzie w kartach, ten ma szczęście w miłości". Tu działa taka sama zasada. W istocie, każdy człowiek dokonuje takiego wyboru: wybiera powodzenie w drobiazgach albo w czymś wielkim, ważnym. Jeśli chcecie szczęścia w małym – grajcie w karty, pijcie piwo z przyjaciółmi – jednym słowem, gońcie za drobnymi przyjemnościami lekkiego życia. Nie liczcie jednak wtedy na sukces w czymś wielkim. Jeśli chcecie mieć powodzenie w miłości – proszę bardzo, odmówcie sobie niewielkich i wątpliwych przyjemności, typu gry w karty.

Zresztą jesteście ludźmi rozwiniętymi, tj. znajdujecie się na wyższym stopniu rozwoju i z pewnością nie łapiecie się na przynętę drobnych, mało znaczących przyjemności wątpliwej natury. To dobrze, kolejny raz nie będziecie się już musieli męczyć bez potrzeby. to zwykli ludzie muszą odmawiać sobie tego typu drobiazgów, by przyciągnąć to, co istotne. Wy nie musicie tego robić – zrobiła to już sama Wasza natura, dlatego właśnie w drobiazgach nie odczuwacie powodzenia. Za to wkrótce zawita do Was powodzenie w tym, co wielkie i ważne.

Do takiego stanu uczniowie DEIR bardzo szybko się przyzwyczajają. U człowieka rozwiniętego rzeczywiście bardzo szybko zanika potrzeba powodzenia w nieistotnych sprawach. Tacy ludzie nie chcą rozmieniać się na drobne. Żyją wielkimi zdarzeniami, przeżywając ważne etapy dane przez los. Zmieniają się nawet kobiety, które wcześniej nie wyobrażałyby sobie życia bez telefonicznej paplaniny z koleżankami, nieustannego przesiadywania w kawiarniach ze znajomymi, pustej bieganiny po sklepach w poszukiwaniu wyprzedaży... Jedna z naszych uczennic, jeszcze niedawno będąca jedną z takich kobiet, powiedziała: „Czuję, że życie teraz nabrało głębokiego sensu, stało się cenne, ważne i nieskończenie interesujące. Jak mogłam wcześniej je tak trwonić, skupiając się na drobiazgach? Narodziłam się powtórnie. Zaczęłam drugie życie". Ta kobieta jeszcze w 1987 r. była postrzeloną, zwykłą laborantką, a teraz zajmuje się interesującą dziedziną naukową, kieruje wydziałem, jeździ na zagraniczne sympozja, wykłada w prestiżowych uczelniach na Zachodzie.

Miejcie jeszcze jedno na uwadze – Wasze powodzenie, gdy już się zacznie, niekoniecznie stanie się udziałem innych. Fakt powodzenia możecie wykorzystać tylko wy osobiście. Mówiliśmy już o tym, że sens tych samych wydarzeń dla różnych ludzi jest różny. Może zdarzyć się tak, że spotka Was coś, na co czekaliście całe życie i że będziecie z tego powodu niezmiernie szczęśliwi, jednak inni powiedzą: „Jakimi głupotami on się zajmuje". Wiecie już, że opinia otaczających Was ludzi nic nie znaczy. Może pomyślicie, że przynudzam, niemniej jednak jeszcze raz przypominam: nie opierajcie się na takich sądach, zobaczcie, jakie znaczenie ma dane wydarzenie właśnie dla Was osobiście. Jeśli jesteście szczęśliwi, jeśli Wasze wnętrze „śpiewa" z radości, to znak, że postępujecie prawidłowo.

Jeśli nagle przestało się udawać w drobnych sprawach, możecie wywnioskować, że wkrótce zacznie się (lub już się zaczął) czas jasnej strefy. Oznacza to, że najwyższa pora zająć się tym, co ważne. Dopóki ciemna strefa jeszcze się nie zakończyła, należy wykorzystać ją jako punkt wyjścia, aby mogła się przekształcić w strefę startową i żeby jasna strefa mogła zlikwidować niesprawiedliwość, rekompensując z nawiązką okres życia w ciemnej strefie, dając Wam jak najwięcej radości i powodzenia.

Teraz, gdy włączyliście się już do systemu kierowanej strefowości, najwyższy czas przypomnieć sobie o konieczności wpisania się w Światowe Prądy, o konieczności znalezienia wśród nich swojego właściwego kierunku. Jest to niezbędne, jeśli chcemy przeżyć życie maksymalnie efektywnie, osiągnąć szczyty szczęścia, pomyślności dla siebie i innych, jeśli chcemy stać się ludźmi sukcesu, tj. zrealizować swój życiowy program maksimum z jak największym sukcesem.

Nawet wtedy, gdy nauczymy się rozprzestrzeniać powodzenie na najważniejsze aspekty naszego życia, nie otrzymujemy jeszcze pełnej gwarancji na sukces. Często ludzie, nie znając praw Światowych Prądów, próbują zrealizować to, co w danym momencie jest dla nich niemożliwe. W takim przypadku, nawet jeśli włożymy w te pozornie ważne aspekty maksimum powodzenia, wcześniej czy później staniemy przed zamkniętymi drzwiami. I nie uda nam się ich otworzyć, ponieważ w danym przypadku stykamy się z zamkniętą drogą naszego życia.

Teraz powinniśmy poznać bardzo ważną kwestię – o której większość ludzi nie ma pojęcia i dlatego doznaje niepowodzeń, bankrutuje, uważa, że ma nieudane życie. Życie tym ludziom nie układa się nie dlatego, że los jest taki niesprawiedliwy. Nie o to chodzi. Świat jest tak urządzony, że każde życie może ułożyć się idealnie, każdy człowiek może się realizować w najlepszy, najbardziej pełny sposób. Jednak by tak się stało, należy znać prawa i umieć z nich korzystać. Tyle i aż tyle! Od człowieka zależy, czy życie mu się ułoży, czy nie. Złe życie nie jest wynikiem interwencji jakichś sił czy złego losu.

Chcę podkreślić, że wszystko to nie zależy od zwykłego zbiegu okoliczności, ale wyłącznie od nas samych – w tej części, w której jesteśmy zdolni do analizy otaczającego świata, w tej części pól znaczeń, ***które nieumyślnie sami tworzymy***.

Wszystkie drogi dzielą się na otwarte i zamknięte.

ROZDZIAŁ 4.

DROGI ZAMKNIĘTE I OTWARTE: ROZUMIENIE ZJAWISKA

Umiejętność ominięcia drzewa

Wszystkie drogi dzielą się dla nas na otwarte i zamknięte. Powiem od razu, że otwarta droga nigdy nie jest nieprzerwaną białą strefą. Taka droga – to prawidłowe przeplatanie się czarnych i białych stref, a raczej określony obszar przechodzący przez te strefy w taki sposób, że maksimum powodzenia w sprawach ważnych, istotnych przypada właśnie na białe strefy, a na czarne – to, co nie jest dla nas bardzo ważne. Człowiek, który prawidłowo włączył się w system kierowania strefowego, z łatwością kroczy otwartą drogą, nie napotykając na przeszkody i jednocześnie w ważnych dla siebie dziedzinach zbiera owoce swego powodzenia.

Inna kwestia, że nie wszystkie cele i pragnienia, które wydają się być ważne i znaczące, leżą na otwartych drogach. Wszyscy znamy to z własnego doświadczenia. Przypomnijmy sobie, ile zaczętych przez nas ważnych spraw nie zostało zrealizowanych z niepojętych (na pierwszy rzut oka) przyczyn. A przecież walczyliśmy o te sprawy wystarczająco długo i w którymś momencie myśleliśmy nawet, że jeszcze chwila i wszystko zrealizujemy... A jednak nie udało się. W takich przypadkach zwykło się mówić: „Widocznie nie było nam pisane".

Inne sprawy natomiast udawały się jakby same z siebie, niczym za dotknięciem czarodziejskiej różdżki – i tego też zupełnie nie potrafiliśmy wyjaśnić. „Jakby ktoś mnie prowadził, kierował moimi krokami, pokazywał, dokąd iść by osiągnąć cel, przyprowadzał do mnie ludzi, ja sam natomiast absolutnie nic nie robiłem" – tak powiedział jeden z moich uczniów.

Z pewnością też przeżyliście coś podobnego. Już wtedy domyślaliście się, że światem rządzą jakieś wyższe prawa, dla nas niezrozumiałe, ale w sposób odczuwalny wpływające na nasze życie.

Na szczęście, człowiek przeszkolony, wytrenowany praktycznie zawsze może wcześniej przewidzieć, czy kierunek, w którym chce się poruszać, będzie dla niego korzystny. A taką informację może wykorzystać każdy rozsądnie myślący człowiek. Wyobraźcie sobie drzewo stojące przed Wami w odległości pięciu metrów. Jeśli jesteście mądrzy, rozsądni, łatwo wyobrazicie sobie, co by się stało, jeśli szlibyście wprost przed siebie, nie zważając na drzewo – po kilku chwilach wpadlibyście na nie. Ponieważ taki rezultat potraficie wcześniej przewidzieć, nie będziecie go sprawdzać w praktyce. Nie będziecie tracić czasu na pytania typu: „Co się stanie, jeśli pójdę prosto na drzewo?". Ponieważ wiecie wcześniej, co się stanie, spokojnie ominiecie drzewo.

Jeśli w takiej samej sytuacji znajdzie się człowiek, który nie ma tak rozwiniętej wyobraźni ani wystarczającego rozumu, generalnie też może się domyśleć rezultatu swojego pójścia prosto na drzewo. Jednak nie do końca sobie dowierzając, zechce sprawdzić swoje domysły. Często przy tym może myśleć w taki sposób: „A może nagle uda mi się oszukać drzewo? A może jakoś inaczej poradzić sobie z tą przeszkodą? Krótko mówiąc, będzie myślał, że a nuż się uda, i liczył na łut szczęścia wbrew temu, co widać gołym okiem. Rezultat – mroczki przed oczyma i guz na czole.

Teraz zastanówcie się przez chwilę – ludzie często zachowują się w podobnie nieracjonalny sposób, jak ktoś decydujący się na atakowanie drzewa. Człowiek godzi się na nową pracę, choć zdaje sobie sprawę z tego, że nic dobrego mu nie przyniesie. Uspokaja się, a właściwie, mówiąc ściśle, okłamuje się: „A może się uda?". Nie udaje się. Efekt – znów guzy i zwolnienie z pracy. Biznesmen przeczuwa, że kontrakt nie jest perspektywiczny, ale liczy na ten sam łut szczęścia: „A może nagle się powiedzie? Przyjdą duże pieniądze". Skutek – straty moralne i materialne, których długo jeszcze sobie nie powetuje.

Jest mnóstwo takich przypadków. Intuicja, jeśli tylko całkiem nie śpi, w taki czy inny sposób podpowie, czy droga przed nami jest otwarta, czy zamknięta. Jednak ludzie rzadko zwracają uwagę na tego typu znaki, ponieważ nie wiedzą, na jakich zasadach opiera się prawo zamkniętych i otwartych dróg.

Aby z łatwością i świadomie, nie tylko w oparciu o domysły i intuicję, rozpoznawać w swoim życiu otwarte i zamknięte drogi, spróbujemy logicznie sobie uświadomić, jak one się przejawiają – jak przejawiają się drogi, które sprzyjają, oraz te, po których kroczyć będzie bardzo trudno. Pomoże w tym znana nam już strefowość życia.

Otwarta droga – obszar w strefowości

Właściwie co to jest: otwarta droga? To droga leżąca dokładnie w nurcie Światowych Prądów. Wystarczy, że znajdziemy się w tym nurcie, a sam zaniesie nas do celu. Przypomnijcie sobie analogię do niezrozumiałego mechanizmu, posiadającego mnóstwo zębatek – jeśli przyczepić się do jednej z nich, wyniesie nas do półki z ciastkiem. Tu sprawa wygląda podobnie. Otrzymacie to, czego pragniecie, jeśli Wasze znaczenia są zbieżne ze znaczeniem ruchu Światowych Prądów.

We Wszechświecie istnieje mnóstwo otwartych dróg. Można powiedzieć nawet, że stanowią większość. Wystarczy dla wszystkich ludzi i jeszcze zostanie – przy czym każdy człowiek na swojej drodze powinien czuć się całkowicie swobodnie, ponieważ oprócz niego nie ma tam nikogo.

Każdemu człowiekowi dana jest możliwość skorzystania z otwartych dróg. Jednak w realności ludzie rzadko znajdują swoją niszę. Nie dostrzegają odkrytych dróg, nie umieją ich chronić, a wcześniej czy później napotykają zamkniętą drogę prowadzącą do niepowodzenia.

Człowiek nie istnieje w oderwaniu od Wszechświata. Proszę sobie wyobrazić, że pole informacyjne Wszechświata jest podzielone na różne rejony, niczym organizm na komórki. Istnieją na przykład rejony odpowiedzialne za określony rodzaj działalności. Komórki, oczywiście, leżą w sferze abstrakcji, ale prawdą jest to, że mapa ich rozmieszczenia jest unikalna i niepowtarzalna dla każdego człowieka. Jeśli chcecie, by rozmieszczenie komórek uległo zmianie, będziecie musieli zmienić sferę swych znaczeń – wagę, doniosłość poszczególnych czynników.

Każda taka komórka jest swego rodzaju sejfem z zaszyfrowanym zamkiem broniącym dostępu osobom nieupoważnionym, nieposiadającym stosownego klucza. Właściwym kluczem, który pasowałby do określonego zamka, jest człowiek. To konkretny człowiek – jego indywidualność, cechy szczególne struktury energoinformacyjnej, unikalna dusza może stać się tym kluczykiem, który otworzy odpowiednią komórkę sejfu – wtedy zdarzenia na tej drodze będą miały dla niego znaczenie pozytywne! Jeśli człowiek odkryje odpowiednią komórkę, wkroczy na swoją otwartą drogę i wszystko łatwo będzie mu przychodzić. Jeśli jednak zechce otworzyć swoim kluczem nieodpowiednią dla siebie komórkę, wtedy tylko zdeformuje i połamie klucz – czyli samego siebie. Drzwi nadal pozostaną zamknięte, będą czekać na swój klucz.

Tak właśnie odbywa się wejście na otwartą drogę. Wyróżnia się tym, że jest łatwo przewidywalna. Jeśli prawidłowo przystosujemy się do naturalnego biegu zdarzeń, wtedy osiągamy cel z łatwością i praktycznie bez wysiłku.

Jeśli człowiek, który chce korzystać z kierowanej strefowości, znajduje się na otwartej drodze i na niej właśnie zajmuje się reklamą, a – według wszelkich prognoz – reklama ta powinna zwiększyć obroty finansowe firmy, to tak się stanie. Jeśli taki człowiek na otwartej drodze sadzi ziemniaki i planuje duże zbiory, wtedy tych ziemniaków nie zaatakuje ani stonka ziemniaczana, ani mącznik młynarek, a jeśli już tak się zdarzy – nie obniży to urodzaju, gdyż zadziwiająco łatwo plagę uda się pokonać.

Podam inny przykład. Bardzo dużo młodych dziewcząt marzy o karierze gwiazdy estrady. Dziewczyny robią wszystko, co w ich mocy, by osiągnąć cel. Jednak spośród nich tylko jednostki realizują swoje marzenia. Pozostałe mogą tylko zazdrościć: „Dlaczego ona, a nie ja? Cóż w niej takiego jest, nie ma ani głosu, ani wyglądu! Jestem lepsza, ale to ona jest na scenie". Gorycz w stosunku do losu narasta, chodzą słuchy o powiązaniach, o bajońskich sumach, bez których nie sposób się wybić.

Często okazuje się, że to nie znajomości czy pieniądze zaprowadziły dziewczynę na estradę – pomogło to, co nazywamy szczęśliwym zbiegiem okoliczności... W rzeczywistości „szczęściara" odnalazła swoją komórkę, swoją otwartą drogę. I stało się to, co większość ludzi określa mianem cudu – czymś całkowicie niepojętym. A dziewczynie wszystko przyszło bez wysiłku, było łatwe i proste. Zechciała zostać gwiazdą (a może nawet nie marzyła o tym) – i to się łatwo urzeczywistniło. Po prostu dla niej ta droga była otwarta.

Inni się pomylili, tracąc siły i energię na zamkniętą dla siebie drogę. Przez całe swoje życie uderzają się boleśnie o drzewo, które tak łatwo jest obejść i naleźć się na otwartej drodze wiodącej ku szczęściu.

Od czego to zależy? Wyłącznie od praw wyższego porządku, ładu natury, od umiejętności, by postępować zgodnie z nimi lub od braku tych umiejętności. Jeśli nasz rozwój nie współgrałby z prawami wyższego porządku natury, wtedy każdy człowiek mógłby zrealizować wszystkie swoje kaprysy. Czy świat byłby w stanie to przetrwać – nie wiadomo, prawdopodobnie nie, przecież kaprysy rozerwałyby go na części. Wyobraźcie sobie, że jeden człowiek chce zawrócić bieg rzeki – i to mu się udaje. Drugi pragnie osuszyć ocean – i robi to. Trzeci ma ochotę zatopić planetę – i to też się udaje. Czwarty myśli o zniszczeniu lasów i rzeczywiście to robi, itd. W efekcie mamy zupełny chaos i koniec świata.

Na szczęście wyższe prawa prowadzą świat innymi torami. I najwyraźniej tylko dzięki temu świat jeszcze trwa. Za to „niszczeją" i odchodzą ludzie próbujący tym prawom rzucać wyzwania. Świat jest po prostu bardziej silny i nieskończenie złożony, dlatego tacy ludzie zawsze zostają pokonani i schodzą ze sceny życia.

Tylko wędrując otwartą drogą możemy robić to, co chcemy, bez uszczerbku dla siebie i świata, ale dla wspólnego dobra oraz własnego rozkwitu. Na otwartej drodze spotykamy znane już nam rozłożenie strefowości, gdy przy braku powodzenia w drobiazgach nic nie stoi na przeszkodzie w osiągnięciu sukcesu w ważnych sprawach.

Posłużę się przykładem. W zeszłym roku w telewizji jedna z naszych „gwiazd" showbiznesu opowiadała, że w młodości uwielbiała wprost porządek, że zawsze jej towarzyszył. Nigdy nigdzie się nie spóźniała, zawsze była punktualna. W domu wszystko miało swoje miejsce. Nigdzie też nie było nawet odrobiny kurzu. Wspaniałe gotowała i każda potrawa zawsze jej się doskonale udawała. Wszystko było idealnie. Była wtedy całkiem utalentowaną początkującą śpiewaczką, jednak w kwestii kariery nie widziała przed sobą żadnych perspektyw.

Pewnego razu zwrócił na nią uwagę znany, odnoszący sukcesy kompozytor. Zaczął ją, jak to się teraz nazywa, lansować. Cóż to się zaczęło dziać w jej życiu! Zaczęła przypalać ciasta, po całym domu walały się jej rozrzucone rzeczy, mieszkanie nie było sprzątane, a ona zaczęła się wszędzie spóźniać. Jednym słowem, w drobnych kwestiach zaczęły się zakłócenia rytmu i miały miejsce niepowodzenia. Ale wkrótce kobieta stała się znaną piosenkarką, jej kariera zapierała dech w piersiach. Mimo niepowodzenia w drobnych sprawach ten jej okres życia w żaden sposób nie można było zaliczyć do ciemnych stref.

Otwarta droga – to kierunek, w którym prawo strefowości nie jest niczym zakłócone, gdzie strefowość prawidłowo rozkłada się na znaczące i mało ważne sfery życia. Otwarta droga to droga przez nic i nikogo niezajęta – oprócz Was. Możecie swobodnie rozwijać się w tym kierunku tak, jak chcecie – Waszemu rozwojowi nikt i nic nie przeszkodzi.

Przypomnijmy sobie teraz techniki drugiego stopnia DEIR zawarte w książce „Kształtowanie". Pamiętacie je? To programy do-

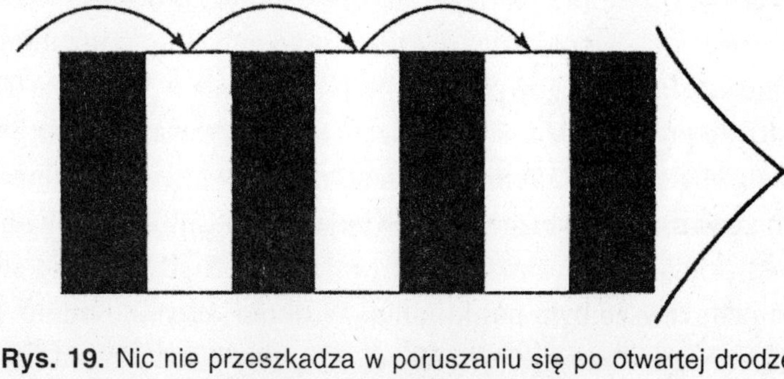

Rys. 19. Nic nie przeszkadza w poruszaniu się po otwartej drodze – wszystko jest łatwe i wspaniałe.

tyczące sukcesu, powodzenia, pewności siebie, efektywności własnych działań. Teraz nadszedł stosowny czas, by powiedzieć, że te wszystkie techniki przeznaczone są tylko dla otwartych dróg, a to oznacza, że tylko tam będą efektywnie działać! Dlatego też otwarte drogi same ścielą się przed każdym człowiekiem. Wybierz i idź! Jednak niektórzy, szczególnie uparci ludzie, wymądrzają się i sądzą, że należy zamknąć oczy na otwarte drogi, które same wręcz zapraszają do podróży, że trzeba do końca iść raz obraną drogą, choć stopniowo ta droga będzie się dla nich zamykać. W takich sytuacjach nie pomogą metody drugiego stopnia. Czy mieliście podobne zdarzenia? Czy metody drugiego stopnia nie przynosiły oczekiwanych rezultatów? Teraz, gdy już wiecie więcej, pomyślcie: czy weszliście niechcący na zamkniętą drogę, dla Was już niedostępną, ponieważ oceniacie zdarzenia mające tam miejsce nieadekwatnie w stosunku do ich naturalnego rozwoju? Wobec tego czy nie lepiej będzie zejść z tej drogi, poszukać innej, na której będziecie mieć zielone światło? A może (tu wybiegam myślą naprzód) należy przekształcić tę drogę w otwartą?

W „Kształtowaniu" przytaczałem przykład tego, jak można zostać przewodniczącym, stosując programy na efektywność działań. Najwyraźniej niektórzy czytelnicy zbyt dosłownie zrozumieli ten przykład. Zdecydowali, że podążając za tą metodą, przewodniczącym jakiejś organizacji może zostać ktokolwiek, nawet jeśli jest zwykłym, szeregowym pracownikiem. Jeden z czytelników nawet przysłał mi list pełen oburzenia, w którym pisał, że korzystając z moich rad, próbował zostać szefem całego pododdziału prywatnego przedsiębiorstwa, w którym pracował jako robotnik. Im bardziej stosował programy na efektywność działań, tym bardziej kolektyw odgradzał się od niego. Zaczęły się rozmowy „na dywaniku" u dyrektora. Człowiek ten myślał, że wszystko robił prawidłowo, że niepowodzenia – to wynik sprzeciwu pasożyta energoinformacyjnego. Zapomniał o tym, że w przypadku prawidłowego zastosowania programów na efektywność działań, pasożyt po prostu prz staje zauważać człowieka, który przewyższył go pod względem rozwoju. Taki człowiek staje się jakby niewidzialny, przezroczysty dla społeczności. Czytelnik przestał samodzielnie kierować sytuacją, przyjąwszy funkcję pasożyta energoinformacyjnego. W rezultacie zwolniono go z pracy.

Nie odpowiedziałem na list – stwierdziłem, że samo życie nauczy człowieka, który nie chce w działaniu posługiwać się rozumem, żeby wreszcie zacząć myśleć. Jednak cała historia zakończyła się znacznie lepiej, niż można było sądzić. Po pół roku przyszedł jeszcze jeden list od tego czytelnika. Mężczyzna przepraszał i... dziękował. Okazało się, że po utracie pracy zaczął zastanawiać się nad własnym biznesem. Od myśli przeszedł do czynu i teraz całkiem nieźle prosperuje.

W taki oto sposób system DEIR pomógł zejść z zamkniętej drogi, na której, oczywiście, nie działały programy na efektywność działań i ułatwił wstąpienie na otwartą drogę, na której czytelnik osiągnął sukces bez zbędnego wysiłku. System DEIR umożliwia znalezienie się na dobrej drodze nawet wtedy, gdy sami zmierzamy zupełnie do czegoś innego.

Tak więc droga otwarta – to niczym niezakłócony prawidłowy obszar w strefowości, gdzie aby osiągnąć sukces, nie wymaga się od nas niczego ponad to, byśmy zapewnili prawidłowy przydział do poszczególnych obszarów powodzenia i niepowodzenia, tj. umieścili negatywy w obszarach mało znaczących, a pozytywy – w istotnych, ważnych. W rezultacie łatwo otrzymamy to, czego chcemy.

Jedna z czytelniczek mojej drugiej książki opowiedziała mi w liście historię o tym, z jaką łatwością została kierowniczką działu, w którym pracowała. Na długo przed tym faktem wiele myślała na temat reorganizacji oddziału, przeczuwała, że doprowadziłoby to do rozkwitu firmy. Do osiągnięcia celu brakowało jej tylko samodyscypliny i wiedzy o metodach osiągnięcia celu. Przeczytawszy książkę i wcieliwszy metody w życie, osiągnęła cel, ponieważ od samego początku kroczyła otwartą drogą. Zmieniła profil oddziału, zatrudniła nowych ludzi – praca w firmie zmierzała w dobrym kierunku, a ona świetnie zarabiała. Wszystko to stało się jakby samo przez się, przyszło z łatwością, bez szczególnych wysiłków i niepotrzebnego stresu. Zawsze tak się dzieje, gdy kroczymy otwartą drogą. Mamy zielone światło – wystarczy tylko sunąć po gładkich torach. Na tej drodze nie spotkają nas żadne nieprzewidziane trudności, nieprzyjemne okoliczności przeszkadzające rozwojowi, a osiągnięcie celu zależy wyłącznie od nas.

Zamknięta droga – zakłócenia w strefowości

Zupełnie inaczej sprawa przedstawia się z zamkniętą drogą, która zawsze aktywnie sprzeciwia się naszemu ruchowi po niej.

Zamknięta droga – to rzecz bardzo podstępna. Jeśli byłaby tylko ciemną strefą w naszym życiu – nic złego by się nie stało. Widzisz ciemną strefę i rozumiesz, że nic dobrego Ci nie zaoferuje, więc z łatwością ją omijasz. Tylko tyle.

Jednak zamknięta droga nie jest ciemną strefą. To droga o wiele bardziej przebiegła i zdradziecka. Mami nas iluzją łatwo osiągalnego celu. Wydaje się być drogą otwartą. Dopiero wtedy, gdy sukces jest na wyciągnięcie ręki, zatrzaskują się przed nami drzwi, a ich sforsowanie staje się niemożliwe. Tak oto ma się sprawa z zamkniętą drogą.

Jednak nie należy upatrywać w tym kary, przejawu czyjejś złej woli czy knowań Sił Wyższych. Po pierwsze, Siły Wyższe nie są zdolne do intryg. Po drugie, człowiek jest dla nich mało znaczącą figurą, by specjalnie rzucać mu kłody pod nogi. Nikt nie będzie kopał pod nami dołków – zbyt mało znaczymy. Sami utkniemy, jeśli będziemy trwać w uporze i podążać zamkniętą drogą. Nie ma potrzeby tworzenia specjalnych przeszkód na naszej drodze – sami je znajdziemy.

Przypomnijcie sobie analogię z komórkami – sejfami pola informacyjnego, do których każdy może stać się kluczem. Żeby otworzyć określoną komórkę, trzeba posiadać określone, odpowiednie dla niej właściwości. Jeśli ich nie posiadamy lub mamy jakieś zbędne właściwości niepasujące do tej komórki, nie otworzymy jej i będziemy zmuszeni iść dalej w poszukiwaniach swojej własnej. Można porównać tę sytuację z kontrolą paszportową na lotnisku. Jeśli mamy młotek – nie przejdziemy przez kontrolę wykrywaczy metalu. Nie możemy przy tym powiedzieć, że kontrolę zorganizowano wyłącznie po to, by za coś nas ukarać i nie przepuścić. Przecież nikt nawet nie pomyśli o karaniu. Po prostu w danym momencie mamy takie właściwości, że nie możemy przejść przez kontrolę. Jeśli natomiast w kieszeni przenosimy cegłę, będziemy mogli przejść przez kontrolę magnetyczną. I w żadnym razie nie będzie to efekt poparcia dla nas czy jakiejś nagrody – po prostu nasze cechy pozwalają na przejście kontroli.

Każdy z nas ma jakieś cele, pragnienia, wiedzę, pewne cechy charakteru, nawyki i umiejętności, wreszcie – określone cechy karmiczne. Jednak najważniejsze jest to, jakich znaczeń przydajemy określonym faktom z naszego życia – tym, które odnoszą się do wytyczonej przez nas drogi. Wszystko to razem tworzy konfigurację „klucza", która pozwala lub nie na otwarcie tego czy innego zamka. Jeśli dziewczyna o wspaniałych możliwościach nie mogła zostać piosenkarką – nie należy myśleć, że to Bóg ją pokarał lub los oszukał. Nie, to jej osobisty klucz nie pasował do tych właśnie drzwi, pasuje natomiast do innych.

Gdy odnajdujemy drzwi, które w danej chwili są dla nas odpowiednie, wtedy zawsze nagrodą będzie sukces. Mylą się ci, którzy dobijają się do zamkniętych drzwi tylko dlatego, że z zewnątrz wyglądają interesująco i efektownie. To tylko zewnętrzna powłoka, pod którą kryje się ciemność. Nie pomylcie się w kwestii drzwi własnych i cudzych. Nie poddawajcie się kontroli magnetycznej, jeśli macie ze sobą młotki. Nie skaczcie do wody z kamieniem u szyi, nie będziecie wtedy musieli winić Boga ani los, użalając się na to, że Was ukarano czy okłamano... Nie ma żadnej kary, wszystkie negatywne zdarzenia na życiowej drodze powodujemy sami.

Także my osobiście, krocząc wybraną przez siebie drogą, chcemy przydać spotykanym na tej drodze zdarzeniom potrzebnych właśnie nam znaczeń. Często nie dostrzegamy tego, że Światowe Prądy nadają zupełnie inne znaczenie tym zdarzeniom (człowiek z młotkiem chce przejść przez bramkę kontrolną, a nie wie, że z powodu metalowego przedmiotu w kieszeni będzie to niemożliwe). W rezultacie narasta opór środowiska i nasz ruch staje się niemożliwy. Zatrzymujemy się.

Zilustruję to pewnym przykładem. Postanowiliście pojechać na urlop, sądząc, zgodnie z ludzką logiką, że urlop jest zawsze dobrą rzeczą. Tak więc znowu, nawet o tym nie wiedząc, orientujecie się na zdarzenie, a nie na jego znaczenie. A logika Światowych Prądów jest taka, że znaczenie słowa „dobrze" właśnie teraz, w danej chwili, odnosi się nie do urlopu, ale do pracy. I właśnie teraz, nawiasem mówiąc, otwierają się ogromne możliwości pomyślnej pracy wiążącej się z osiągnięciem wspaniałych rezultatów. Otwarta droga w sferze pracy – to droga, która sama wzywa i zaprasza do wstąpienia na nią, obiecując realny sukces. Jednak my trwamy w uporze, że odpoczynek jest dobrem, więc postanawiamy przerwać pracę. Dążymy przy tym do tego, by wszystkie zdarzenia i fakty związane z wypoczynkiem miały jak najlepsze znaczenie. Krótko mówiąc, pragniemy, by hotel był przyjemny, pogoda słoneczna, woda w morzu – ciepła, a dziewczyny – nastawione przychylnie. Jednak Światowe Prądy nie przewidziały teraz takich zbiegów okoliczności. Wasz wyjazd na urlop leży poza ich nurtem. W rezultacie w hotelu pełno karaluchów, pogoda psuje się w dniu przyjazdu i zimne sztormowe morze w żaden sposób nie sprzyja kąpielom. Innym wczasowiczom to nie przeszkadza, ale Wam – tak.

Wracacie z urlopu z jak najgorszymi wspomnieniami i odkrywacie, że koło nosa przeszło sporo ciekawych możliwości związanych z pracą. Jednak teraz droga się zamknęła. Ruch ustał.

To wszystko nie oznacza jednak, że dla kogoś innego urlop w tym czasie nie będzie udany. Dzieje się tak, jak w historii z wykrywaczem metalu, kiedy droga nie jest zamknięta od razu dla wszystkich. Właśnie dlatego nie mają racji ci, którzy mówią: „Dlaczego to on zrobił karierę, a nie ja? W czym jestem gorszy od niego?". W niczym. A w czymś może nawet lepszy. Po prostu droga jest otwarta dla jednego, a zamknięta dla innego człowieka. Zauważmy – zamknięta dla jego dobra, po to, by się opamiętał i zaczął szukać innej drogi, na której czeka go maksimum szczęścia.

Nie ma racji ten, kto mówi: „Dlaczego inni mogą kraść i świetnie im się powodzi, a ja, żyjąc uczciwie, klepię biedę?". Tak, dla kogoś nawet nieuczciwa droga może być drogą otwartą. Wszystkie drogi są sobie równe, a ocena z punktu widzenia ludzkiej uczciwości nie ma tu nic do rzeczy. W taki sposób człowiek realizuje swoją karmę, wypełnia jedno z karmicznych zadań ludzkości, a nawet całego Wszechświata, chociaż nasza ziemska logika nie zawsze może uchwycić sens takiego zadania. Jednak nie będziemy zazdrościć takiemu człowiekowi – przecież bierze na siebie negatywną ocenę otoczenia, być może po to, by uwolnić od niego innych ludzi, np. nas. Możliwe, że jego dusza przyjmie na siebie ciężar winy, a my w tym czasie będziemy szczęśliwi i wolni właśnie dlatego, że nie kradliśmy, że sumienie mamy czyste.

Każda droga może dla jednych okazać się zamknięta, a dla innych – otwarta. Rozumiemy już, że wiąże się to nie z właściwościami samej drogi, ale z właściwościami człowieka idącego daną drogą, z tym, czy jego właściwości współbrzmią z drogą.

Bywa często tak, że zamknięta droga zmienia się w otwartą, a otwarta może przekształcić się w zamkniętą – jeśli zmienią się właściwości człowieka. Mogą one zmienić się w ten sposób, że przestaje on odpowiadać poruszaniu się po drodze i droga się zamyka. Właśnie z tym związane są przypadki krachu kariery ludzi, u których ta kariera świetnie się zaczynała, a droga początkowo bezspornie była otwarta.

W jaki sposób powinny się zmieniać właściwości człowieka, żeby otwarta droga, którą podąża, nie zamknęła się przed nim? Długo można by o tym mówić, dlatego zatrzymamy się tylko na jednym, bardzo rozpowszechnionym wariancie. Początkowo człowiek z powodzeniem podąża drogą i przychodzi mu to bardzo łatwo, jakby od niechcenia. Na tej drodze spotyka go sława, odnosi sukces, ma dużo pieniędzy. Jednak im dalej idzie, tym bardziej zaczyna uzależniać się od dóbr materialnych, sukcesu i innych zalet swojej drogi. Zaczyna skupiać się nie na ruchu po tej drodze, ale na osiągnięciu celów. Boi się, że straci to, co posiadł. A wraz ze strachem znika dawna swoboda i lekkość – w ten sposób człowiek traci dwie bardzo ważne właściwości, dzięki którym ta droga stanęła przed nim otworem. Po prostu wielkość drogi przerosła człowieka. Tracąc stosowne właściwości, człowiek traci też „klucz", dzięki któremu droga mogła zostać otwarta. W rezultacie droga zamyka się właśnie wtedy, gdy człowiek ponad wszystko inne ceni dobra ofiarowane mu przez drogę i boi się je stracić.

Tego, od czego bardzo zależymy, co bardzo chcemy mieć – zazwyczaj nie otrzymujemy. Dlaczego? Im większa jest waga zdarzeń, tym większe prawdopodobieństwo, że wejdzie ona w konflikt ze znaczeniami Światowych Prądów (nie możemy ich znać dokładnie, są dla nas niezrozumiałe). Przecież to, co jest mało widoczne, nie prowadzi do konfliktu. Przysłowie mówi przecież: „Krowa, która bodzie, nie dostanie rogów".

Co robić, jeśli zetkniemy się z zamkniętą drogą? Przede wszystkim zrozumieć, że jest to droga zamknięta. A to nie zawsze jest takie łatwe. Dlaczego? Zamknięta droga jest podstępna i wcale nie wygląda jak ciągła ciemna strefa i bardzo często wabi człowieka iluzją osiągnięcia celu.

Gdy mamy do czynienia z ciągłą czarną strefą, od razu rozumiemy, że sprawa nie wypali. Niepotrzebna jest do tego szczególnie silna intuicja. W takim przypadku będzie to absolutnie widoczne nawet dla najbardziej prymitywnej, gruboskórnej istoty. Przykładowo, jeśli życie wciąż nie wpuszcza nas na jakiś obszar, po prostu przestajemy się nim zajmować.

Rzecz ma się zupełnie inaczej z zamkniętą drogą, która nie jest ciągłą ciemną strefą. To właśnie dlatego, krocząc zamkniętymi dro-

Rys. 20. Zamknięta droga jest podstępna – im dłużej nią idziesz, tym większe prawdopodobieństwo katastrofy.

gami, cierpimy i tracimy cenny czas. Zamknięta droga – to właściwie szara strefa, która raz się rozjaśnia, a innym razem – ciemnieje. Jej jaśniejsze strefy mogą czasem odpowiadać znaczącym momentom. Jednak na kluczowe momenty takiej drogi zawsze będzie przypadała czarna jej część. Właśnie dlatego cele wydające się być bliskie urzeczywistnienia, a leżące na zamkniętej drodze, w najważniejszych momentach nie mogą zostać zrealizowane i wszystko bierze w łeb.

Właśnie dlatego cechą charakterystyczną takich dróg jest długa walka wewnętrzna, minuty nadziei i minuty rozpaczy, a w efekcie – niepowodzenie.

Pewien reżyser – człowiek bardzo utalentowany i energiczny, przez rok walczył o stworzenie własnego teatru. Miał szczytny cel – zebrać bezrobotnych aktorów niemających pieniędzy, dać im pracę i pieniądze oraz nieść narodowi kaganek oświaty. Wydawałoby się, że tak światłej sprawie będą sprzyjać wszystkie siły wyższe. Reżyser był pełen energii i zapału. Mówił: „To najważniejsza sprawa w moim życiu. Jeśli jestem czegoś wart – wcielę tę ideę w życie. Jeśli nie – nie warto żyć". Jak widzimy, gra szła o dużą stawkę.

Początkowo wszystko przebiegało zadziwiająco gładko. Szybko znalazło się pomieszczenie, pojawił się sponsor, który dał pieniądze na remont budynku. Reżyser zebrał aktorów, rozpoczął nawet pierwsze próby. Ileż w nim było wiary, nadziei i entuzjazmu! Jednak w kraju zaczął się kryzys ekonomiczny. Sponsor okazał się niewypłacalny, remont wstrzymano, aktorzy rozjechali się w poszukiwaniu pracy. Szczęście się odwróciło.

Minął jakiś czas, miasto powoli wychodziło z kryzysu i reżyser zaczął poszukiwania nowego sponsora. Znalazł go. To dało nadzieję na sukces. Można było kontynuować remont, wznowić próby, płacić aktorom. To podniosło wszystkich na duchu. Okazało się jednak, że przedsiębiorstwo sponsora zamieszane jest w jakąś aferę.

W czasie trwania procesu pieniądze przestały napływać. Potem zmienił się szef przedsiębiorstwa i odmówił wsparcia dla teatru.

Znów wszystko zaprzepaszczone, brak nadziei, apatia i kryzys. Po jakimś czasie zajaśniał nowy promyk nadziei – to miejska administracja postanowiła pomóc i zdecydowała się przekazywać pieniądze dla teatru. Wydawało się, że wkrótce teatr zacznie działać, że widzowie będą mogli obejrzeć pierwszy spektakl, a potem aktorzy sami na siebie zapracują... Spełnienie marzeń, jak nigdy dotychczas, wydawało się bardzo bliskie.

Nagle zdarzyło się coś, czego nikt nie mógł przewidzieć. Zmienił się dyrektor administracyjny odpowiadający za wydatkowanie miejskiego budżetu. Odkrył, że teatrowi nie do końca zgodnie z prawem przekazano budynek. Nie były to jakieś drastyczne uchybienia, ale budynek chciał kupić ktoś bardzo zamożny, a dyrektor nie chciał mu się sprzeciwić. Budynek zabrano i nikt nawet nie zawracał sobie głowy rekompensatą za remont.

Takiego ciosu reżyser nie wytrzymał. Nie miał już sił, by po raz kolejny zaczynać wszystko od początku. Zaczął pić. Wszystko skończyłoby się źle, gdyby nie system DEIR. To on uratował reżysera. Żona wyprowadziła go z pijaństwa, a potem prowadziła z nim zajęcia według indywidualnego programu. Wreszcie udało się go doprowadzić do normalnego stanu. Reżyser miał do czynienia z najbardziej typową zamkniętą drogą, na której zawsze jest tak, że nadzieja raz miga na horyzoncie, a raz gaśnie, że powodzenie pojawia się na chwilę po to, żeby błyskawicznie zniknąć, a gdy cel wydaje się być na wyciągnięcie ręki, pojawia się cios niszczący wszystko. W rezultacie – klęska, mimo ogromnej ilości straconego czasu i sił.

– Dlaczego ta droga była dla mnie zamknięta? – wykrzykiwał reżyser. – Czy nie jestem dość utalentowany? Czyżby za mało było we mnie energii i uporu? Czy cel nie był szczytny? Czy ktoś wymyślił kiedyś coś lepszego?!

Gdy już się uspokoił, wyjaśniłem mu wszystko. Talent jest, cel był światły – właśnie dlatego powodzenie pojawiało się na chwilę na horyzoncie, a cel wydawał się bliski zrealizowania. Jednak potem pojawiły się *młotek i kamień* – cechy samego reżysera, które nie pozwalały na to, by „klucz" idealnie pasował do „zamka". Reżyser zbyt wielki nacisk przydawał finansowej stronie całego przedsięwzięcia i, naturalnie, jego decyzje (a powinny one postawić teatr na nogi) nie były adekwatne do sytuacji. W końcu mężczyzna sam to przed sobą przyznał. Uspokoił się, gdy zrozumiał, że przyczyna tkwi tylko w nim. Zrozumiał, że sytuacja nie jest tak beznadziejna, jak myślał: można się zmienić – i przedsięwziąć jeszcze jedną próbę, mającą już nowe znaczenia, bardziej adekwatne do wybranej drogi.

Oto, co dzieje się na zamkniętej drodze. Tam, podobnie jak na drodze otwartej, są obszary znaczące i mało ważne. Tam, jak na drodze otwartej, niepowodzenia przypadają na obszary mało znaczące, a powodzenie – na obszary istotne. To znaczy, że prawo strefowości wydaje się niezakłócone.

Wszystko jednak polega na tym, że na zamkniętej drodze obszar znaczący też dzieli się na dwie składowe: na zwykłe obszary znaczące i obszary kluczowe, bez których cel nie może zostać osiągnięty. W obszarach znaczących może jeszcze się powodzić, ale w kluczowych mamy zapewnione niepowodzenie.

Wyjaśnię to na najbardziej przystępnym przykładzie. Ma powstać sklep. Znaczącymi obszarami dla jego właściciela są: zdobycie kapitału początkowego w celu organizacji przedsięwzięcia, nabór pracowników, zakup towaru oraz zorganizowanie reklamy. Obszar kluczowy – to sprzedaż towaru i otrzymanie pieniędzy od jego nabywcy. Przecież właśnie po to organizowane jest całe przedsięwzięcie. Przypuśćmy, że w znaczących obszarach właścicielowi towarzyszy powodzenie. Ma pieniądze, z łatwością zakupuje towar, bierze w arendę świetnie usytuowane pomieszczenie z przeznaczeniem na sklep,

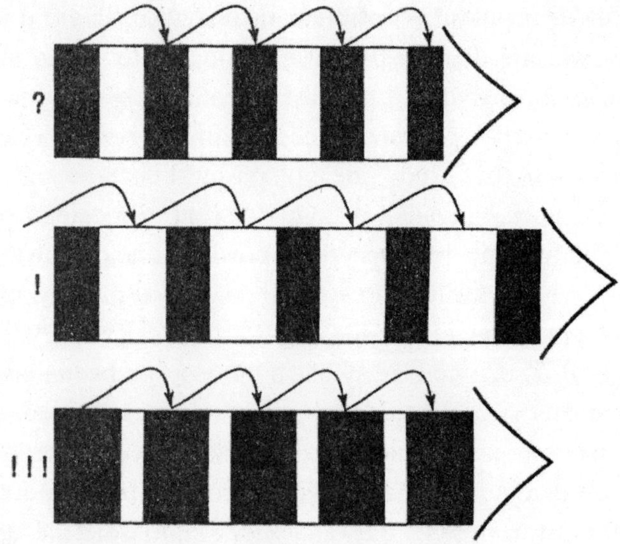

Rys. 21. Rozszyfrowanie zamkniętej drogi według pół znaczeń. W drobiazgach – niepowodzenie, a w sprawach ważnych – wprost wspaniale... Jednak w kwestii kluczowej – potężny mur i niepowodzenie.

wyposaża go w najnowsze zdobycze techniki, według ostatniego krzyku mody, znajduje czarujące sprzedawczynie i organizuje wspaniałą reklamę. Wreszcie sklep zostaje otwarty z wielką pompą, ale kupujących nie ma! Inny wariant: dużą ilość towaru dostarczono hurtownikowi, który nie wniósł na czas pieniędzy. Właściciel sklepu stoi na krawędzi bankructwa. W obszarach znaczących powodziło mu się, natomiast w kluczowym obszarze – nie. Oto, czym jest zamknięta droga.

Dzieje się tak dlatego, że wewnętrzny bagaż człowieka – jego wiedza, cechy, właściwości, czyli informacja, którą ma w sobie – w nadchodzących wydarzeniach w sposób nieunikniony spotka się ze znaczeniami Światowych Prądów. Jeśli nie będą współgrać – cóż robić?! Stoicie na zamkniętej drodze. W przytoczonej historii o reżyserze jego wewnętrzny bagaż informacyjny wymagał tego, by mężczyzna zdobył rozgłos i dużo pieniędzy (przy czym sam reżyser praktycznie nie uświadamiał sobie swego wewnętrznego nastawienia). Wciąż i wciąż (a zauważmy, że to było kluczową sprawą) tworzył teatr od zera, teatr, który niekoniecznie przynosi wielkie pieniądze. Ten przykład jest niezwykle prosty i nietrudno mi wcale wyjaśnić prawdziwą przyczynę powstania konfliktu – jest całkowicie widoczna. Po prostu człowiek zajęty był osiąganiem nie tego celu, który miał na myśli! To naturalne, że prawdziwy cel został „przykryty". Ponieważ upragnione dla reżysera znaczenia wydarzeń nie odpowiadały znaczeniom wydarzeń w nurcie Światowych Prądów, droga powstania teatru okazała się zamknięta. Jednak, ponieważ inne cechy reżysera sprzyjały powstaniu teatru, coś tam mu się zawsze udawało. a to jest jeszcze gorzej, niż gdyby nie udało się za pierwszym razem. Na zamkniętej drodze, gdy cel raz wydaje się blisko, innym razem się oddala, człowiek cierpi znacznie bardziej w porównaniu z sytuacją, w której od razu padają wszelkie nadzieje.

Zamknięta droga – to zakłócenie w strefowości przesuwające pozytywne pola znaczeń do zdarzeń o średniej wartości, a negatywne pola znaczeń rozkładające między obszarami mało ważnymi oraz nadzwyczaj ważnymi – kluczowymi.

Dla nas teraz bardzo ważne będzie zdobycie umiejętności wcześniejszego określania i wyjaśniania tego, jaka droga leży przed nami – otwarta czy zamknięta. Pomogą w tym układy testowe – pewne metody określania zamkniętych i otwartych dróg.

ROZDZIAŁ 5.

DROGI OTWARTE I ZAMKNIĘTE: METODY OKREŚLANIA

Podstawowa zasada pracy i warunki wykorzystania układów testowych

Teraz zajmiemy się jedną z najbardziej zagadkowych (jak to się może początkowo wydawać) dziedzin – którą można w pewnym stopniu zaliczyć do przepowiadania przyszłości. Ileż już wynaleziono różnorakich metod przepowiadania przyszłości! Tarot, fusy z kawy, rzucanie pantofla za bramę – wszystko to jest od stuleci praktykowane z różnym skutkiem.

Gdyby jednak oczyścić technikę z nalotu mistyki, wszystkie te metody nie okazałyby się wcale śmieszne. W rzeczywistości u podstaw każdej wróżby leżą jasne i wyraźne prawa naturalne oraz szczególne cechy pracy ludzkiego mózgu. Wielu wróżbiarzy i przepowiadaczy przyszłości zwyczajnie tumani ludzi swoim mistycznym podejściem do rzeczy. W swej rzeczywistej, prawdziwej, niekoloryzowanej postaci z metod przepowiadania przyszłości mogą korzystać albo wróżbici wysokiej klasy (takich praktycznie nie ma teraz na świecie), albo ludzie studiujący naukowe wykorzystanie takich metod. Współczesna nauka może objaśnić całą tę „mistykę" z materialistycznego punktu widzenia. Okaże się wtedy, że nie ma tu żadnych tajemnic ani cudów. Wkrótce się o tym przekonacie – przecież sami będziecie mieć pełne prawo do wykorzystania tych metod jako ludzie studiujący naukowe podejście do tej kwestii.

Oczywiście, nie będziemy zajmować się wróżeniem z kart czy z fusów. Wykorzystamy metodę dokładniejszą i prostszą, wielokrotnie sprawdzoną w praktyce – układy testowe. W charakterze układu testowego, który wykorzystamy, może wystąpić każdy tzw. generator liczb. Nie bójcie się tej mądrej nazwy – kryje się za nią np. kostka do gry z naniesionymi oczkami od 1 do 6, moneta czy inne proste rzeczy. Najważniejsze, żeby ta rzecz umożliwiła otrzymywanie jakiejś wartości liczbowej ze spisu znaczeń, np. po rzucie kostką pojawi się na niej jakaś cyfra z zakresu od 1 do 6.

W jaki sposób dowiedzieć się, jeśli już mamy przed sobą cel, jaka droga leży przed nami: zamknięta czy otwarta? Większość ludzi dowiaduje się tego, ucząc się na własnych błędach – czyli po czasie. Ludzie ci działają zgodnie z zasadą: „najpierw zajmiemy się sprawą, później zobaczymy" – doświadczają więc wszystkiego na własnej skórze. Jednak przecież „skóra" nie jest z żelaza, przez takie eksperymenty doznaje uszkodzeń, psuje się i niszczeje przed czasem. Dlaczego więc mielibyśmy poddawać ją i siebie takim próbom, które do niczego dobrego nie prowadzą? Czy nie lepiej przepowiedzieć przyszłość i poznać wszystko wcześniej?

Powinniśmy znać wszystko z wyprzedzeniem, a pomoże nam w tym rozumienie, że procesy Światowych Prądów są procesami głęboko zsynchronizowanymi. Jeśli zatem rozmieścimy pola znaczeń w dowolnym procesie (nawet w układzie testowym), mając na uwadze cel, będą one odpowiadać rozmieszczeniu pól znaczeń w samym procesie osiągnięcia tego celu.

Oto zasada otrzymania takiego rezultatu przy pomocy układu testowego. Wytyczając sobie jakiś cel, w myśli zestawiamy pożądane dla nas znaczenie określonego zdarzenia na zakładanej drodze z tym zdarzeniem, które wskaże układ testowy. Inaczej mówiąc, porównujemy pożądane przez nas znaczenie z obiektywnym znaczeniem zdarzenia – i wprawiamy w ruch układ testowy: czy te znaczenia są ze sobą zbieżne? Układ testowy w naszych rękach pokazuje przypadkowy rezultat, ale jego umowne znaczenie odzwierciedla kierunek dany przez Światowe Prądy. W ten sposób dowiadujemy się, czy pożądane przez nas znaczenie wpisze się w Światowe Prądy – będzie z nimi zgodne czy też nie. Dalsza analiza zgodności pytań i zdarzeń pokazywanych przez układ testowy pomoże w określeniu, jaka droga leży przed nami – otwarta czy zamknięta.

Można zastosować następującą analogię: znaczenie dla nas tego czy innego zdarzenia tworzy płaszczyznę znaczeń. Jeśli gdzieś w przyszłości na tej płaszczyźnie znajduje się coś, co ją zakłóca, wypacza, wykrzywia (jak kamień leżący na płaszczyźnie z gumy), to bez zbliżania się do przyszłości możemy odkryć wypaczenie płaszczyzny znaczeń z powodu minimalnych, nawet przypadkowych zdarzeń, którym nadaliśmy te same znaczenia.

Zauważmy, że odpowiedzi nie daje układ testowy, tzn. to nie kostka nam odpowiada. Kostka odzwierciedla tylko charakter powstającego kontaktu między naszym pytaniem a obiektywnie istniejącą realnością. Jeśli zadajemy pytanie w związku z czymś, co nie ma dla nas znaczenia, to nie uzyskamy odpowiedzi. Odpowiedź daje tylko zestawienie, porównanie znaczeń. Jeśli brak znaczenia, brak także

Rys. 22. Ugięcie płaszczyzny pod ciężarem ważnego zdarzenia poznamy na długo przed jego powstaniem.

odpowiedzi. Wiecie już przecież, że Wszechświat przemawia językiem znaczeń, a nie zdarzeń.

W związku z tym przypomina mi się baśń o człowieku, który na bazarze natknął się na dziwną staruchę i zrozumiał, że spotkał się ze swoją śmiercią. Zwróćmy uwagę na to, że nadał znaczenie temu spotkaniu! Zauważył, że starucha popatrzyła na niego ze zdumieniem, jakby się zdziwiła, że go widzi. Człowiek bardzo się wystraszył. Zaczął myśleć, dokąd ma uciec przed śmiercią i postanowił, że wyjedzie do innego miasta, np. do Samary. A śmierć tam właśnie do dosięgnęła. Zanim umarł, zdążył jeszcze zapytać: „Dlaczego tak dziwnie popatrzyłaś na mnie wtedy na bazarze?". Śmierć odpowiedziała, że bardzo się zdziwiła, zobaczywszy go tak daleko od Samary. Przecież tego człowieka miała dosięgnąć właśnie w Samarze! A wtedy, na bazarze szukała kogoś całkiem innego...

Oto jak znaczenie nadawane zdarzeniu, a nie samo zdarzenie, określa czasami los człowieka. Gdyby mężczyzna nie przydał znaczenia spotkaniu na bazarze, nigdzie by nie wyjechał i dzięki temu przedłużyłby sobie życie. Nie ma znaczenia – nie ma też rezultatu.

Podobnie rzecz ma się w naszym przypadku: jeśli nie przydajemy znaczenia wydarzeniu, nie dostaniemy odpowiedzi. Nie ma sensu pytać o to, czy określone zdarzenie będzie miało miejsce. Należy pytać tylko o to, czy sens zdarzenia będzie nam odpowiadał, czy będzie zgodny z pożądanym przez nas sensem.

I jeszcze jeden ważny aspekt dotyczący rozumienia zasady pracy układów testowych. Przypuśćmy, że nie pytamy układu testowego o niezwykle ważne sfery naszego życia, ale o coś, co jednak jest ważne dla nas, będąc jednocześnie nieistotne na poziomie Światowych Prądów. Dla przykładu, chcemy mieć obfite zbiory ziemniaków i pytamy, na ile jest to możliwe. Narzuca się tu pytanie: czy pole informacyjne Wszechświata zniży się do takich drobiazgów?

Kwestia nie dotyczy tego, czy ktoś się zniży do czyjegoś poziomu, czy nie. Nikt oczywiście nie zniży się do naszego poziomu, po prostu odpowiedź na takie, wydawałoby się, głupstwa, też jest zawarta w polach informacyjnych. Rzecz w tym, że na otwartej drodze istnieją tzw. główne kierunki ruchu, które można by nazwać magistralami zawierającymi podstawowe procesy poruszania się na drodze oraz procesy drugoplanowe, które im towarzyszą. Jeśli chcecie trzymać się tego głównego kierunku, wtedy także wszystkie towarzyszące procesy będą rozwijać się według tego klucza. Mówiąc obrazowo, jeśli prawidłowo poruszacie się w dobrym kierunku magistrali swego życia i prawidłowo realizujecie na niej swoją misję, zajmując się określoną sprawą, to procesy wiążące się ze spędzeniem urlopu, z urodzajem, obfitością zbiorów itp. będą dostosowywać się do kierunku ruchu magistrali i także zaowocują sukcesem.

Jak prawidłowo wykorzystać układ testowy? Samo fizyczne działanie, które w związku z tym musimy wykonać, będzie dziecinnie proste: będziemy rzucać monetą albo kostką do gry lub też wykorzystamy inne narzędzia, o których jeszcze powiem. Niech Was nie zawstydza rzekoma prostota tych narzędzi, przecież już wiecie, że odpowiedź daje nie układ testowy, ale sama struktura Wszechświata. Układ testowy jest tylko wskaźnikiem, swoistą lampką sygnalizacyjną odnotowującą otrzymaną odpowiedź.

Aby nauczyć się otrzymywać odpowiedź za pomocą układu testowego, należy przestrzegać kilku warunków. Pragnę podkreślić, że ich wypełnienie wymaga wielkiej wewnętrznej dyscypliny, a dokładność otrzymanych wyników zależy wprost od naszego umysłu.

Pierwszy warunek: prawidłowe sformułowanie pytania

Ponieważ kwestia, którą rozpatrujemy, nie dotyczy tylko samej kostki czy monety, ale nas i Wszechświata, to znaczy, że przede wszystkim powinniśmy nauczyć się prawidłowo stawiać pytania.

Wiecie już, że podczas stawiania pytania nie pytamy o fakt przyszłego wydarzenia (będzie czy nie), ale o znaczenie. Odrzucamy pytania typu: „Czy Iwanow podpisze moje podanie?". Jeśli w taki sposób formułujecie pytanie, zorientowani jesteście tylko na sam fakt podpisania, a zupełnie nie uwzględniacie znaczenia tego faktu. Przecież może być tak, że Iwanow podpisze podanie, ale będzie to mieć nieprzyjemne reperkusje, o których nie wiecie. Myśleliście na przykład, że podpisanie podania umożliwi Wam awans, ale zamiast tego spowodowało, że szef zwrócił na Was baczną uwagę, zaczęto się Was czepiać o głupstwa i w efekcie pozbawiono stanowiska. Oprócz tego z pytania należy wyeliminować cząstki „czy" oraz „nie", a więc to, co powoduje, że w pytaniu jest już założone przeczenie. Najlepiej w takiej sytuacji zapytać: „Iwanow mi pomoże?". Takie pytanie jest wprost adresowane do sfery znaczeń, która jest dla nas ważna, a nie do sfery faktów.

Drugi warunek: umiejętność prawidłowego zadania pytania

Ważną kwestią jest prawidłowe sformułowanie pytania. Równie ważną, choć zupełnie inną – prawidłowe skierowanie pytania do sfer informacyjnych – należy ustanowić związek między własnym pytaniem, między polem znaczeń interesujących nas zdarzeń i samym układem testowym.

Tu także będziecie musieli się wykazać wewnętrzną dyscypliną, którą już posiedliście, opanowując drugi i czwarty stopień systemu DEIR. Potraficie już wizualizować i unaocznić, uzmysłowić sobie najróżniejsze obrazy oraz utrzymywać je w swojej świadomości wystarczająco długo. Teraz przypomnijcie sobie te nawyki i zastosujcie je.

Powinniście jak najwyraźniej wyobrazić sobie zdarzenie lub człowieka, w związku z którym zadajecie pytanie. Jeśli pytacie o Iwanowa, którego pomoc jest Wam potrzebna, wyobraźcie sobie go najbardziej wyraźnie, jak to tylko możliwe. Potem skupcie uwagę na swoim podstawowym roboczym narzędziu układu testowego, np. na kostce do gry. Teraz powinniście mentalnie nałożyć obraz Iwanowa na tę kostkę i do takiego stopnia zlać je ze sobą, żeby kostka w Waszych rękach na jakiś czas z nim się utożsamiła. Iwanow, jako obraz, może Wam sprzyjać lub nie. Dokładnie tak może teraz zachować się kostka – może wyrzucić liczbę parzystą (przypuśćmy, że oznacza to: „sprzyja"), ale może wypaść liczba nieparzysta (co z kolei może oznaczać nieprzychylne zachowanie). Utożsamiając zachowanie się kostki z zachowaniem człowieka i rzucając nią, starajcie się widzieć przed sobą nie kostkę, a człowieka wraz z możliwymi wariantami jego zachowania. Zupełnie poważnie powinniście być gotowi na przyjęcie wyniku, który wypadnie. Będzie to realny wynik zachowania Iwanowa.

Tylko wtedy, gdy jasno i wyraźnie będziecie wyobrażać sobie Iwanowa i utożsamiać jego zachowanie z zachowaniem kostki, będziecie w stanie włączyć tę ostatnią w analizowaną płaszczyznę znaczeń. Na logiczne i konkretne pytanie, pozbawione mentalnego obrazowania, nie otrzymacie odpowiedzi.

Trzeci warunek: właściwa pora na wprawienie w ruch układu testowego

Gdy już wyraźnie sformułujecie pytanie, w sposób obrazowy, plastyczny wyobraźcie sobie interesujący Was obiekt, utożsamcie go z kostką, po czym od razu wprawiajcie w ruch układ testowy.

W żadnym razie nie wolno zadawać pytania, a tym bardziej zmieniać go wtedy, gdy nasz układ testowy wprawiliśmy w ruch, tzn. gdy wypuściliśmy już kostkę z rąk. Nie wolno tak robić, ponieważ w chwili wypuszczenia kostki z dłoni mamy już do czynienia z istniejącą w świecie konkretną odpowiedzią, która nie uwzględnia naszego nowego pytania. Odpowiedź już jest wywołana, już się uwidacznia, przejawia, a zgodzicie się chyba, że jakoś głupio byłoby widzieć drzewo i powiedzieć do siebie: jeśli tu jest drzewo, to znaczy, że wszystko będzie dobrze. To jest nie tylko głupie, ale także nieprawidłowe, gdyż takie zachowanie dla generowania prawidłowej odpowiedzi powinno zmienić już przychodzące na świat zdarzenia, a to może uczynić tylko Siła Wyższa, w żadnym wypadku – człowiek. Przecież w chwili wprawienia w ruch układu testowego przechodzimy ze sfery informacyjnej związanej z pytaniem do sfery informacyjnej, w której znajduje się konkretna odpowiedź. Znaczy to, że w tym momencie mamy już do czynienia z odpowiedzią.

A gdy już jest odpowiedź, to głupio i bezcelowo byłoby zmieniać pytanie, na które już istnieje przejawiająca się w świecie odpowiedź, nieprawdaż?

Czwarty warunek: umiejętność prawidłowej interpretacji otrzymanej odpowiedzi

Nie można zadawać jeszcze raz pytania, na które już otrzymaliśmy wyraźną, określoną, jednoznaczną odpowiedź. Przecież ją otrzymaliśmy, tj. otrzymaliśmy pewne pole znaczeń, które już istnieje w naszej świadomości. A istniejąc w naszej świadomości, w sposób nieunikniony działa także na samo znaczenie pytania, także istniejące w naszej świadomości – oddziałuje tak, że zmienia jego znaczenie. Zatem, zadając pytanie po raz drugi, będziemy zadawać je jakby nieco inne, zmienione przez otrzymaną odpowiedź. Wobec tego pola znaczeń odpowiedzi na takie pytanie będą już inne. W jaki sposób wtedy zorientujecie się, na jakie właściwie pytanie teraz otrzymujecie odpowiedź? Wasze pytanie nie ma już też początkowej czystości – przez uzyskaną odpowiedź jest nieco inne, trochę zmienione. A przecież interesuje Was odpowiedź na początkowo zadane pytanie.

Umówmy się, że zadajecie pytanie, czy Iwanow Wam pomoże, czy nie. Otrzymujecie odpowiedź, że bezwarunkowo pomoże. Jednak postanawiacie jeszcze raz zadać to samo pytanie, nie myśląc o tym, że będzie ono teraz brzmiało przykładowo tak: „Pomoże mi Iwanow, który mi bezwarunkowo pomoże?" To jasne, że na takie pytanie nie może paść właściwa odpowiedź. Odpowiedź, którą w tym przypadku otrzymacie, nie będzie mogła być jednoznacznie zinterpretowana.

Inna sprawa, jeśli za pierwszym razem nie otrzymaliście jasnej, wyraźnie określonej odpowiedzi. Przypuśćmy, że podrzucamy monetę, oczekując, że wypadnie orzeł lub reszka, a moneta stanęła na krawędzi. W tym przypadku dopuszczalne jest powtórne wykorzystanie układu testowego i zadanie tego samego pytania.

Dopuszczalne jest także wykorzystanie układu testowego kilkakrotnie z tego samego powodu w tym przypadku, gdy zadajemy to samo pytanie, ale z nowymi odcieniami, lub zadajemy pytania odnoszące się do różnych aspektów tego samego zjawiska. Pytamy na przykład, „Iwanow nam pomoże czy nie?", a otrzymawszy pozytywną odpowiedź, pytamy: „pomoże w najbliższym czasie albo nie?". Później zadajemy pytanie: „pomoże sam albo z innymi?" – itd. Jednak taka praca wymaga najsurowszej dyscypliny, a przy jej braku nie ma gwarancji na dokładność odpowiedzi. Co w danym przypadku oznacza „najsurowsza dyscyplina"? To umiejętność zachowania zupełnego dystansu (odsunięcia się) w stosunku do wyników, dystansu podobnego do obojętności w trakcie zadawania pytań w ciągu całej tej niełatwej i długiej pracy. Jeśli będziemy zainteresowani wynikiem w chwili pracy układu testowego, to samą ciekawością zaczniemy oddziaływać na rezultat, który wtedy przestanie być obiektywny. Dlatego ten wariant pracy dostępny jest tylko dla *prymusów* wszystkich poprzednich czterech stopni systemu DEIR.

Jeśli znajdujemy się na początkowym etapie pracy, nie będziemy uciekać się do tej metody. Wykorzystamy za to metodę najpewniejszą – tak postawimy pytanie, aby nie dopuszczać do nieprawidłowych interpretacji. To znaczy, że musimy określić, jak rozkładają się znaczenia „powodzenie" i „niepowodzenie" w obszarach zdarzeń mało znaczących, ważnych i kluczowych. A każde pytanie, które nas interesuje, będziemy zadawać tylko raz.

Metody nawigacji i układy testowe

Wiemy już, że układ testowy będzie przydatny w celu określenia, z jaką drogą mamy do czynienia: zamkniętą czy otwartą.

Ktoś może jednak ze zdziwieniem zapytać: czy w tym przypadku nie wystarczy własna intuicja, wprawa w przewidywaniu przyszłości osiągnięta na poprzednich stopniach systemu DEIR – przeszliśmy wszystkie etapy nauczania, po co więc jeszcze jakieś układy testowe? Tak, czasem można posłużyć się własną intuicją – jeśli sprawa dotyczy otwartej drogi, wtedy pewnie rezultat będzie wiarygodny. Gdy zetkniemy się jednak z zamkniętą drogą, sama intuicja może nie wystarczyć. Istnieje wielkie prawdopodobieństwo, że nawet najbardziej rozwinięta intuicja nie rozpozna tej drogi, otrzymamy fałszywą odpowiedź i popełnimy błąd. Gdy mamy do czynienia z zamkniętą drogą, w świadomości istnieją pożądane przez nas znaczenia przyszłych zdarzeń i faktów, które nie są zbieżne z obiektywnymi znaczeniami tych zdarzeń i faktów Światowych Prądów. A nasza intuicja w tym przypadku za prawdziwe przyjmuje własne, subiektywne, pożądane znaczenia, zupełnie przy tym ignorując znaczenia obiektywne. Sprawę potęguje jeszcze pragnienie osiągnięcia celu, tj. by droga okazała się otwarta.

Wszystko to powoduje wypaczenia. Mylimy się także dlatego, że zamknięta droga częściowo przechodzi przez jasne strefy, a ich pozytywny sygnał (że mimo wszystko w pewnej części sukces będzie osiągalny) wychwytujemy łatwiej i dokładniej, często postrzegając go jako sygnał o otwartości całej drogi.

Naprawdę obiektywną odpowiedź może dać tylko układ testowy, który w żaden sposób nie zależy od naszej wyobraźni, od pragnienia jej podświadomej zmiany, zafałszowania, wypaczenia.

Mam nadzieję, że przekonałem Was o konieczności wykorzystania układu testowego i że nie zawsze można polegać wyłącznie na intuicji. Za chwilę zapoznamy się więc z układami testowymi. Proszę jeszcze tylko zwrócić uwagę na to, że naukę kolejnych kroków systemu DEIR można rozpocząć dopiero wtedy, gdy opanowaliśmy poprzednie cztery – w przeciwnym razie nie będziemy posiadać wewnętrznej samodyscypliny oraz niezbędnego poziomu świadomości, który jest potrzebny w niezawodnej pracy z układami testowymi. Oczywiście, pracę z układami testowymi rozpoczynamy wtedy, gdy zapoznaliśmy się z poprzednimi rozdziałami tej książki i umiemy włączać się w reżim kierowanej strefowości. Jeśli ktoś tego nie zrobił, wszystkie rezultaty wskazane przez układ testowy będą pozbawione sensu.

- ***System nawyków DEIR*** Stopień 5.

Krok 3. Układy testowe do analizy stopnia otwartości drogi

Wszystkie układy testowe można podzielić na dwie grupy: układy podwójne i wieloznaczne. Układ podwójny – to układ, który może dać tylko dwa warianty odpowiedzi: „tak” lub „nie”. Układ wieloznaczny daje większą ilość wariantów odpowiedzi. Przykładowo, taka odpowiedź może stanowić kilka wariantów odpowiedzi negatywnej i jeden pozytywny. Mogą też być warianty typu: „tak” – „nie całkiem tak" – „raczej nie" – „nie". Możemy powiedzieć, że wieloznaczne układy są bardziej czułe niż podwójne, ponieważ wychwytują i przekazują odcienie odpowiedzi niedostępne dla układów podwójnych. Jednocześnie oba układy, wieloznaczny i podwójny, są wystarczająco bezstronne i obiektywne. Teraz zapoznamy się z przykładami układu testowego obu rodzajów.

Układ podwójny – wykałaczka

Bierzemy czystą kartkę papieru i rysujemy na niej pionową linię dzielącą arkusz na dwie części. Określamy znaczenia: prawa strona – „tak", lewa – „nie". W wyobraźni łączymy pola znaczeń „tak" – z prawą stroną, pola znaczeń „nie" – z lewą stroną. Zapamiętujemy ten podział w swojej świadomości. Potem bierzemy wykałaczkę i, dwoma palcami trzymając ją za sam koniuszek, utrzymujemy ją w pionie, dokładnie nad kreską na kartce papieru w taki sposób, by drugi koniec „patrzył" wprost na linię. Wyraźnie formułujemy pytanie, mentalnie łączymy obraz interesującego nas problemu (obiektu) z wykałaczką, a następnie wypuszczamy ją z palców. Na którą stronę karki upadła – prawą czy lewą? Odpowiednio do tego uzyskaliśmy odpowiedź „tak" lub „nie".

Układ podwójny – zapałka

Bierzemy do ręki zapałkę. Potem formułujemy pytanie i mentalnie łączymy z nią obraz interesującego nas problemu (obiektu). Określamy znaczenia: zapałka odchyla się w prawo – „tak", w lewo – „nie". Zapalamy zapałkę i obserwujemy, w którą stronę nachyla się w trakcie spalania.

Układ dwójkowy – moneta

To wariant klasyczny. Podrzucamy monetę z myślą, co wypadnie: orzeł czy reszka. Nie trzeba wcześniej ustalać, gdzie będzie „tak", a gdzie „nie". Przez stulecia ustaliła się tradycja, że orzeł oznacza – „tak", a reszka – „nie".

Układ wieloznaczny – kostki do gry

Jak wiecie, kostki do gry mają naniesione oczka od jednego do sześciu. Dobrze jest posłużyć się tym układem, gdy chcemy wiedzieć, ile mamy szans na otrzymanie pozytywnego rezultatu. Określamy (dowolnie), jaka liczba oczek oznacza „tak". Jeśli skupiamy się na odpowiedzi pozytywnej, to znaczy na dokładnie określonej liczbie, to układ może pokazać albo odpowiedź dodatnią, albo nieokreśloną.

Tu po raz pierwszy możemy dostrzec zaletę wieloznacznych układów, ponieważ będzie nas interesować ilość rzutów kostką aż do uzyskania pozytywnej odpowiedzi. Następnie wyliczamy procent szansy na sukces.

Układ wieloznaczny – kilka monet

Układ ten przypomina kostki do gry. Skupiamy się na pozytywnej odpowiedzi. Interesuje nas np. określona ilość „orłów" i otrzymujemy informację, ile razy musieliśmy rzucać monetami, żeby osiągnąć pozytywną odpowiedź (okreslona liczba „orłów" powinna wypaść w jednym rzucie).

Układ wieloznaczny – przypadkowe zdarzenia

To bardzo interesujący i oryginalny wariant układu testowego. Nie są potrzebne ani kostki, ani monety, w ogóle żadne przyrządy. W celu uzyskania odpowiedzi wykorzystamy przypadkowe zdarzenia z naszego życia. Przykładowo, idziemy ulicą (lub wyglądamy przez okno) i zgadujemy: kto wyjdzie zza zakrętu (przejdzie obok, wyjdzie nam na spotkanie itp.) – mężczyzna czy kobieta? Jeśli mężczyzna – odpowiedź będzie pozytywna, jeśli kobieta lub dziecko

– negatywna (może być też odwrotnie, ustalenia zależą od nas). Znów będzie nas interesować, ile prób musiało wypaść, by otrzymać pozytywną odpowiedź.

Układ ten można też wykorzystać jako układ podwójny – gdy np. zadajemy pytanie, czy ktoś jest za zakrętem, czy też nie.

- ***System nawyków DEIR*** Stopień 5.

Krok 3a. Wewnętrzne sformułowanie pytania i uruchomienie układu testowego

Znacie już ogólne zasady: że pytanie powinno być sformułowane w kluczu pozytywnym, bez wykorzystania cząstek: „czy" i „nie". Oznacza to, że zadajemy pytanie w formie półtwierdzącej, np.: „Wypłacą pieniądze?". Możemy również zadać pytanie zdaniem twierdzącym, któremu towarzyszą warianty znaczeń, np.: Wypłacą pieniądze. Tak? Nie?".

Wiecie już także, że układy testowe należy uruchamiać wtedy, gdy pytanie zostało już sformułowane, nie wcześniej, w przeciwnym razie wynik będzie niemożliwy do przewidzenia, ponieważ nadając bieg układowi testowemu, za każdym razem spotkamy się już z jakimś łańcuchem zdarzeń, który jest założony w proponowanym obszarze odpowiedzi.

Jednak najważniejsze jest prawidłowe, dokładne zadanie pytania oraz skupienie się w trakcie jego zadawania. Przyda się tu całe Wasze doświadczenie, cała wewnętrzna dyscyplina wypracowana na zajęciach systemu DEIR.

W tym celu zamknijcie oczy i odkryjcie w swej wewnętrznej przestrzeni (jak to już robiliście, poznając obszary „dobrze" i „źle") sam przedmiot pytania. Jeśli, np. pytanie dotyczy pieniędzy, znajdźcie w swojej przestrzeni obszar, który odpowiada za pieniądze. Jeśli pytanie dotyczy powodzenia na egzaminie, odkryjcie obszar odpowiadający za ten egzamin. Możecie też znaleźć obszar odpowiadający strefie, w której powinien wam pomóc Iwanow itd. Ujawnijcie w swej wewnętrznej przestrzeni wszystkie szczegóły dotyczące pytania, tj. zobaczcie Iwanowa pochylonego nad Waszym podaniem, egzaminatora, przed którym odpowiadacie itd. Powinniście nasycić swój wewnętrzny obraz jak największą ilością konkretów.

Potem powinniście całkowicie utożsamić ten obraz z układem testowym. Właściwie nie dotyczy to całego obrazu, a jego kluczowego, działającego obiektu, od którego zależy odpowiedź „tak" lub „nie". Należy więc utożsamić układ testowy z Iwanowem, egzaminatorem, z tym, kto nam płaci, lub z innym znaczącym elementem, jeśli rozwiązanie nie zależy od ludzi (np. z samolotem, którym chcemy lecieć i pytamy o szanse na lot) itd. Jest to niezwykle ważne, by w pełni utożsamić przedmiot wykorzystany w układzie testowym: kostkę, monetę, wykałaczkę z działającym obiektem interesującego nas obszaru. Dlaczego? Dlatego, że jeśli chcecie wyjaśnić, w jakim stopniu Iwanow będzie Wam sprzyjał, to kostka, moneta czy wykałaczka trzymana w ręku powinna oznaczać właśnie Iwanowa, a nie coś innego, niemającego kluczowego związku ze sprawą.

Na pewien czas „ożywiacie" ten przedmiot, nadając mu cechy i właściwości konkretnej osoby. Jak to najlepiej zrobić? Najlepiej po prostu umieścić w swojej wewnętrznej przestrzeni działający przedmiot układu testowego na tym samym obszarze, na którym znajduje się działający obiekt (lub znaczący element, jeśli odpowiedź na pytanie nie zależy od ludzi). Potem w przestrzeni wewnętrznej te dwa detale trzeba na siebie nałożyć – spróbujcie zespolić je w jedną całość, jakby zlepić w śnieżną kulę, zmieszać w jednorodną masę, w której zlewają się cechy kostki i Iwanowa, monety i samolotu, zapałki i egzaminatora itd.

Gdy to zrobicie, natychmiast uruchamiajcie układ testowy, tj. rzucajcie kostką lub monetą, zapalcie zapałkę czy patrzcie, kto pierwszy wyjdzie zza zakrętu.

Pracując z układem podwójnym, po prostu zauważcie to, co zostało wskazane i, jeśli chcecie, przejdźcie do następnego pytania. Jeśli pracujecie z układem wieloznacznym, odnotujcie ilość prób aż do otrzymania pierwszej pozytywnej odpowiedzi, potem, jeśli macie ochotę, możecie przeliczyć ilość pozytywnych odpowiedzi z dowolnej liczby prób.

Potem przystąpcie do interpretacji wyników.

• ***System nawyków DEIR*** Stopień 5.

Krok 3b. Interpretacja wskazań podwójnych układów testowych

Układom podwójnym, jako że są niedostatecznie wrażliwe na różne subtelności i odcienie, najlepiej zadawać niewyszukane, nieskomplikowane pytania, wymagające jednoznacznej odpowiedzi „tak" – „nie". Jeśli samo pytanie zakłada różne odcienie odpowiedzi, zawarte w odcinku między „tak" i „nie", wtedy lepiej nie korzystać z tego układu testowego.

W pracy z podwójnym układem testowym najlepiej jest zadawać naprzemiennie pytania: te z mało znaczącego obszaru przeplatać pytaniami obszaru istotnego. Dobrze jest najpierw zadać od trzech do pięciu pytań dotyczących obszaru małej wagi (będzie ładna pogoda albo nie, tramwaj przyjedzie zgodnie z rozkładem czy nie), a potem tyle samo pytań ze znaczących i kluczowych obszarów (pomoże Iwanow albo nie, będą pieniądze czy nie).

Następnie podliczamy wyniki, tzn. ilość pozytywnych i negatywnych odpowiedzi w znaczących i nieistotnych obszarach. Czy mamy taki obszar, gdzie zauważyliśmy przygniatającą większość pozytywnych odpowiedzi? Mogło np. tak się zdarzyć, że zadaliśmy po trzy pytania z obu obszarów, po czym okazało się, że w mało znaczącym obszarze na trzy pytania padły trzy negatywne odpowiedzi lub tylko jedna pozytywna, natomiast w ważnym – trzy pozytywne odpowiedzi na trzy pytania lub dwie pozytywne – na trzy. W jaki sposób można interpretować dany wynik? Zrozumiecie to z łatwością, przecież wiecie, że przewaga niepowodzeń na mało ważnym obszarze i koncentracja powodzenia w znaczącym czy kluczowym obszarze oznaczają otwartą drogę.

Jeśli zauważamy, że przewaga niepowodzenia przypada na ważny obszar, oznacza to, że poważnie mylimy się, pokładając nadzieje w takiej drodze. Droga ta leży całkowicie w ciemnej strefie. To nawet nie jest zamknięta – to po prostu czarna droga, na której cel od razu okaże się nieosiągalny, więc nie ma sensu na nią wkraczać. Mówiąc metaforycznie, taki sam efekt uzyskałby tragarz – alkoholik, wykorzystujący układ testowy w celu zapytania: zostanie solistą baletu albo nie. Wyrzeczenie się takiej drogi w żaden sposób nie będzie wiązać się z cierpieniem, ponieważ to nie Wasza droga i żadnemu człowiekowi zdrowemu na ciele i umyśle nie przyjdzie nawet do głowy, by po niej iść.

Jeśli wskazania wypadną mniej więcej podobnie (mogą różnić się mniej niż o 1/3) zarówno w obszarze znaczącym, jak i nieznaczącym, może to oznaczać, że nie włączyliśmy się do kierowanej strefowości (źle pod względem jakości wypełniliśmy drugi krok piątego stopnia

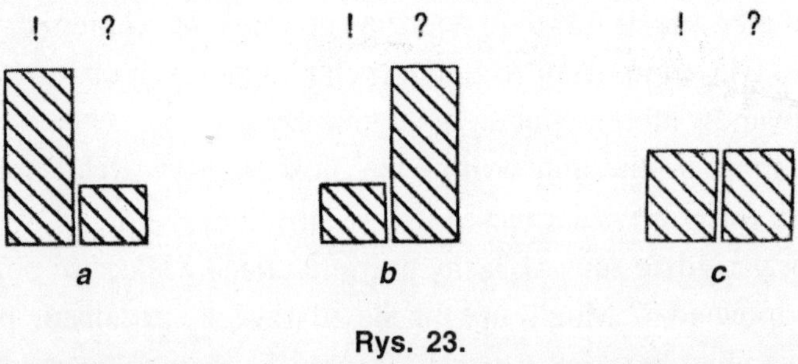

Rys. 23.

a) Powodzenie leży na obszarze znaczącym. Droga otwarta.
b) Powodzenie leży w obszarze małoznaczącym. Czarna strefa.
c) Ani jedno, ani drugie. Potencjalnie zamknięta droga.

DEIR) lub mamy do czynienia z drogą zamkniętą, niepoddającą się strefowości. A to oznacza, że stopień zamknięcia tej drogi będziemy mogli ocenić dopiero wtedy, gdy posłużymy się wieloznacznym układem testowym.

Na początku jednak należy trenować otrzymywanie odpowiedzi od podwójnych układów testowych. Trzeba nabrać lekkości w formułowaniu pytań oraz w interpretacji odpowiedzi. Należy przy tym uwzględnić fakt, że układy podwójne nie są tak dokładne, jak wieloznaczne, dlatego nie trzeba się spieszyć i uznawać ich odpowiedzi za wytyczne do działania. Proszę potraktować je jak element gry, jakby to był jeden z wariantów przypuszczalnego biegu wydarzeń, nie wpuszczać ich zbyt głęboko do swojej świadomości – nie traktować ich nazbyt poważnie.

Podam przykład. Posługując się podwójnym układem testowym, zadajecie pytanie: On/ona mnie kocha czy nie?". Otrzymujecie bardzo (za bardzo) jednoznaczną odpowiedź, która prawdopodobnie w przybliżeniu odzwierciedla rzeczywistość, nie dopuszczając różnych odcieni (choć w życiu występują one zawsze i czasem w nich leży sedno, jednak podwójny układ nie ma takich możliwości, by je pokazać). Czarno – biała odpowiedź, pozbawiona odcieni, może spowodować takie samo czarno – białe zachowanie w stosunku do interesującego nas człowieka. Otrzymujecie np. odpowiedź: „nie kocha", nie dowiadując się niczego na temat odcieni tej odpowiedzi. Nie kocha, ale gotów jest pokochać pod warunkiem zmiany stosunku do niego, np. jeśli zaczniecie zachowywać się delikatniej. Jednak Wy, nie wiedząc o tym, zaczynacie obrażać się, złościć, zachowujecie się agresywnie. W ten sposób nie dajecie sobie szansy na pomyślny rozwój wydarzeń, choć początkowo taką szansę mieliście.

Dlaczego nie powinniście się odnosić zbyt poważnie i jednoznacznie do wskaźników podwójnych układów testowych? Musicie wiedzieć, że tak naprawdę w życiu istnieje znacznie więcej prawdopodobnych wariantów zdarzeń, niż wskazuje na to zapałka czy wykałaczka. W dodatku bardzo często te warianty zależą od nas.

Zdarzają się i takie sprawy: jesteś dziś w złym nastroju i zadajesz pytanie: wyjdę za mąż albo nie? Otrzymujesz odpowiedź „nie". Nie wiesz, że należy to rozumieć w taki sposób: jeśli wiecznie będziesz pogrążona w smutku, będziesz miewać takie złe nastroje, to nie wyjdziesz za mąż. Gdybyś zadawała to pytanie, będąc w wesołym nastroju, otrzymałabyś odpowiedź „tak". Układ testowy daje odpowiedzi, biorąc pod uwagę sytuację w danym, określonym momencie, uwzględniając wszystkie informacje odnoszące się do danej chwili, także te, które odnoszą się do wewnętrznego stanu człowieka. Za kilka minut Wasz stan może ulec zmianie – wtedy także odpowiedź może być inna, ponieważ wraz ze zmianą samopoczucia zmieni się prawdopodobieństwo zdarzeń. Tak więc układ podwójny – to narzędzie stosunkowo kapryśne.

Znaczenia, które przekazuje podwójny układ testowy, są zbyt potężne, by nie wpływać na nasze zachowanie. Dlatego powinniśmy wykorzystywać wskaźniki układu jako przygotowanie do działania, a nie wytyczne w działaniu. Podwójny układ testowy jest swego rodzaju zwiadem, umożliwia wcześniejszą analizę sytuacji.

- ***System nawyków DEIR*** Stopień 5.

Krok 3c. Interpretacja wskazań wieloznacznych układów testowych

Korzystając z wieloznacznych układów testowych, najlepiej jest zadawać po trzy pytania kolejno z trzech obszarów: najpierw trzy pytania z obszaru mało znaczących zdarzeń, potem – trzy ze znaczących, a jeszcze później – trzy ze zdarzeń kluczowych. Oto przykłady pytań: „Będzie ładna pogoda, gdy pojadę kupować towar, albo nie?"

(obszar mało ważny), „Zakupię towar w dobrej cenie albo nie?" (obszar znaczący), „Sprzedam ten towar z zyskiem czy nie?" (kluczowy obszar).

Oceniana jest ilość prób, po których otrzymujemy pierwszą pozytywną odpowiedź. Przykładowo, wykorzystujemy kostkę i zadajemy pytanie z obszaru nieistotnego, ustalając, że wyrzucenie czterech oczek oznacza odpowiedź „tak" na pytanie: „Będzie jutro ładna pogoda albo nie?". Odpowiedź „Tak" pojawiła się w trzeciej próbie – za trzecim razem. Ilość niepowodzeń w tym obszarze wynosi dwa do trzech, tj. około 70%.

Następnie zestawia się procentowo wyrażone powodzenia i niepowodzenia we wszystkich trzech obszarach – nieistotnym, znaczącym i kluczowym.

Mogą tu zaistnieć następujące warianty:

Pierwszy wariant. Niepowodzenie w mało znaczącym obszarze jest znacznie większe niż niepowodzenie w znaczącym i kluczowym obszarze (ostatnie albo są ze sobą zbieżne, albo różnią się od siebie nie więcej niż o 20%). Jeżeli dodamy procentowy stosunek niepowodzenia w obszarze znaczącym do procentowego stosunku niepowodzenia w kluczowym obszarze, a wynik podzielimy na dwa (w ten sposób otrzymamy średnią arytmetyczną), zauważymy, że ten rezultat jest minimum dwa razy mniejszy od ilości niepowodzenia w nieznaczących obszarach – wtedy powinniśmy wiedzieć, że mamy przed sobą otwartą drogę.

Drugi wariant. Niepowodzenie w małoznaczącym obszarze jest nieznacznie (minimum o dwa razy) mniejsze niż średnia arytmetyczna niepowodzeń w obszarach znaczącym i kluczowym. Przy tym, niepowodzenia w znaczącym i kluczowym obszarach rozkładają się podobnie, różniąc się nie więcej niż o 20%, a to oznacza, że przed nami czarna droga, nierealna, dlatego nic nie stracimy, porzucając ją.

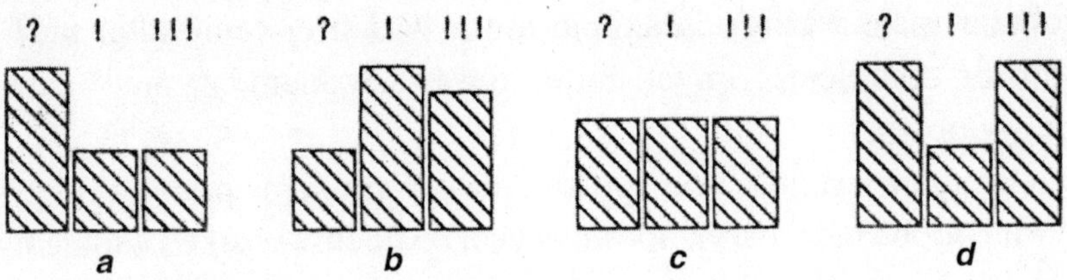

Rys. 24.
a) niepowodzenie w drobiazgach – otwarta droga.
b) niepowodzenie we wszystkim, co istotne – czarna strefa.
c) albo pytanie nas nie interesuje, albo brak strefowości.
d) niepowodzenie w drobiazgach i w sprawach kluczowych – droga zdecydowanie zamknięta

Trzeci wariant. Niepowodzenia rozkładają się po równo na wszystkie trzy obszary: małoznaczący, znaczący i kluczowy. To może oznaczać, że nie poddaliście się rygorowi sterowanej strefowości, źle zadawaliście pytania lub też cel, który chcecie osiągnąć (a więc także temat pytań), w rzeczywistości nie ma żadnego znaczenia. Należy więc się zastanowić: po co w ogóle dążyć do celu, który nie ma znaczenia i nie jest nam potrzebny? Czas wrócić do metod drugiego stopnia DEIR i sprawdzić prawdziwość celu.

Czwarty wariant. Największa ilość niepowodzeń zgromadziła się w mało znaczącym oraz w kluczowym obszarze (ich ilość jest prawie jednakowa, różnica wynosi nie więcej niż 20%). W obszarze znaczącym jest najmniejsza ilość niepowodzeń (mniej niż dwa razy w porównaniu ze średnimi arytmetycznymi niepowodzeń w mało znaczącym i kluczowym obszarze). To oznacza zamkniętą drogę.

Wszystkie pozostałe warianty – to tylko różne stopnie gradacji otwartych i zamkniętych dróg. Przy pomocy wieloznacznego układu testowego, po określeniu procentowej ilości powodzeń i niepowodzeń na tym czy innym obszarze, możemy także określić stopień zamknięcia drogi. Nie wstydźcie się traktować pracę z układem testowym w sposób twórczy. Zadawajcie pytania uzupełniające, by wyjaśnić wszystkie niuanse odpowiedzi, tj. czy droga jest zamknięta ostatecznie i bezpowrotnie, czy też są inne warianty.

Gdy określimy stopień zamknięcia drogi, możemy zdecydować, czy warto próbować ją przekształcić w drogę otwartą, czy w ogóle porzucić tę myśl i pozbyć się nadziei. Mówiliśmy już o tym, że bywają sytuacje, kiedy zamkniętą drogę można zmienić w otwartą.

Najpierw jednak nauczymy się umiejętnie kształtować swoje zachowanie zgodnie z otrzymanym wynikiem – na drogach otwartych bądź zamkniętych. Teraz jednak jeszcze kilka słów na inny temat.

Czas sprawdzić działanie wszystkich omówionych układów testowych. Spróbujcie np. przeanalizować jeden kierunek, który wydaje się interesujący. Na początek – zostawcie ważne kwestie, ograniczcie się do zdarzeń średniej wagi. Przykładowo, spróbujcie się dowiedzieć, czy uda się Wam dokonać sporego zakupu i czy dzięki temu otrzymacie oczekiwany najlepszy rezultat. Zobaczycie, że we wszystkich analizowanych przez Was kierunkach prawdopodobieństwa w obszarach znaczących i małoznaczących znacznie się różnią.

Teraz spróbujcie przeanalizować tę drogę, którą już przebyliście albo na której znajdujecie się obecnie. Weźcie pod uwagę zdarzenia, które miały miejsce stosunkowo niedawno, gdyż obszar znaczeń dawnych zdarzeń świadomość z pewnością już przewartościowała. Zobaczycie, że układ testowy potwierdzi rozkład minionych zdarzeń na Waszej drodze. Może latem świetnie wypoczęliście. Zadajcie pytania: „Bardzo odpocząłem. Tak? Nie? Morze było ciepłe. Tak? Nie?". Przekonacie się, że układ testowy pokaże wszystko w takiej postaci, w jakiej naprawdę przebiegało. Oczywiście, stanie się tak tylko wtedy, gdy prawidłowo poddaliście się rygorowi kierowanej strefowości.

Przytoczę ciekawą historię, która przydarzyła się jednemu z moich słuchaczy. Kierując się zasadami i radami, które przedstawiłem powyżej, postanowił przeanalizować drogę, na której się właśnie znajdował. Był pewien, że jest otwarta, ponieważ wszystko układało mu się wspaniale. Droga wiodła do nowego, prestiżowego stanowiska, którego był już właściwie pewien i które dosłownie nazajutrz miał już objąć. Układ testowy potwierdził wszystkie powodzenia, które spotkały go na tej drodze. Jednak gdy poruszył główną kwestię i zadał pytanie: „Jutro otrzymam nowe stanowisko?", układ testowy podał odpowiedź przeczącą. Słuchacz zaczął wątpić w wiarygodność układu – przecież jego nominacja wydawała się niewątpliwa – ale coś nie dawało mu spokoju. Za pomocą układu testowego postanowił wyjaśnić wszystkie niuanse – dlaczego otrzymał negatywną odpowiedź. Znów zaczął zadawać pytania. „Niepowodzenie wiąże się z moim poziomem kwalifikacji?". Nie. „Niepowodzenie wiąże się z tym, że jutro zmieni się kierownictwo organizacji?". Nie. „Niepowodzenie wiąże się z intrygami i knowaniami nieżyczliwych ludzi?". Tak. Teraz już wiadomo, w czym rzecz.

Nasz słuchacz musiał się sporo nagłowić. Przypomniał sobie, że ostatnio dotykały go nieprzyjemności – szeptano za jego plecami, ze strony niektórych kolegów spotykał się z podejrzanym milczeniem, czasami jawnie wrogim, usłyszał też fragment dziwnej rozmowy, na którą wtedy nie zwrócił uwagi. Gdy się pojawił, wszyscy nagle zamilkli – zrozumiał wtedy, że mówili o nim, omawiając wydarzenie sprzed trzech lat – jakieś jego niepowodzenie czy nawet klęskę... Już wiedział! Trzy lata temu spotkały go nieprzyjemności. Ważne zadanie, które wykonywał, zakończyło się fiaskiem. I tylko on był temu winien. Zabrakło mu doświadczenia, może nawet nie dość odpowiedzialnie potraktował powierzoną mu sprawę.

Nazajutrz jako pierwszy przyszedł do pracy i poczekał, aż zjawi się dyrektor – musiał z nim porozmawiać. Uczciwie przyznał się do błędu, jaki popełnił trzy lata temu. Powiedział, że mając za sobą tak przykre doświadczenie, z pewnością nie jest godny nowego stanowiska. Mówił szczerze. Wówczas rzeczywiście był gotów zrezygnować z awansu. Jednak dyrektor tylko się uśmiechnął. powiedział: „Naprawdę cenię pana, tę pańską uczciwość, porządny z pana człowiek. Teraz, gdy o wszystkim mi pan powiedział, upewniłem się tylko. Wiem, że się nie pomyliłem i właśnie pan, nikt inny, powinien zająć to stanowisko. Gdybym nie dowiedział się tego z pańskich ust, pewnie bym się zastanowił, co dalej... Może faktycznie nie przyznałbym tego stanowiska. Ale pan wszystko wyznał. Proszę więc nie zapomnieć, że dokładnie o pierwszej spotykamy się u mnie w gabinecie na uroczystym objęciu przez pana nowej funkcji".

Gdy opuszczał gabinet, zobaczył, że grupa nieżyczliwych mu kolegów oczekuje na rozmowę z dyrektorem – oczywiście po to, by donieść o jego błędach. Wyprzedził ich dosłownie o krok. Naturalnie, intryganci nic nie osiągnęli. Dyrektor powiedział im: „O co chodzi? Tę kwestię dawno już przedyskutowałem z Iwanowem, nie mam do niego pretensji. Ale intryg nie cierpię. Jeśli zauważę jeszcze raz coś takiego, całkiem możliwe, że będziecie musieli pomyśleć o nowej pracy".

Tak oto układ testowy uratował karierę, pozwolił zachować dobre imię i reputację.

Nauczyliście się korzystać z układów testowych. Teraz możecie otrzymać potrzebną Wam informację o przyszłych zdarzeniach. Mam nadzieję, że rozumiecie już, jak ważna jest ta nowa wiedza i informacja. Jak mówi powiedzenie: „Kto jest uprzedzony, ten jest uzbrojony". Jesteście teraz uprzedzeni, przy czym uprzedzeni za pomocą sprawdzonych metod, które swą niezawodnością znacznie przewyższają zwykły instynkt, intuicję i przeczucia. Jesteście uzbrojeni w wiedzę. Jesteście uzbrojeni, gdyż macie wprawę w ich użyciu. Jesteście uzbrojeni w surową wewnętrzną dyscyplinę. A to oznacza, że możecie otrzymać wyraźną i dokładną odpowiedź dotyczącą przyszłych wydarzeń – odpowiedź przyzwoitą, bez zarzutu, zdecydowanie lepszą niż rozmyte, niejasne odpowiedzi zwykłego człowieka, które otrzymuje, wykorzystując nierozwinięte instynkty w postaci jakichś niekonkretnych odczuć. Władacie narzędziem zupełnie innego poziomu – poziomu godnego człowieka będącego na nowym stopniu ewolucji. Przyjmijcie najszczersze gratulacje: dzisiaj otrzymaliście informację, która może zmienić całe Wasze życie!

Czasami bywa jednak tak, że człowiek uprzedzony o tym, co się wydarzy, nie zwraca na to uwagi. Zachowując się tak nierozważnie, popada w tarapaty. Nie wystarczy posiadać potrzebną informację – trzeba jeszcze umieć dobrze ją wykorzystać. Gdy się tego nauczymy, będziemy w stanie uniknąć mnóstwa pułapek, które tak często stawia na naszej drodze świadomość. Gdy unikniemy tych pułapek, będziemy mogli wykorzystać otrzymane informacje według ich przeznaczenia – a to oznacza sukces.

Aby nauczyć się prawidłowo wykorzystywać otrzymane informacje, należy opanować reguły zachowania na otwartych i zamkniętych drogach.

ROZDZIAŁ 6.

DROGI OTWARTE I ZAMKNIĘTE: REGUŁY ZACHOWANIA

Krytyk wewnętrzny

Niestety, nie zawsze słuchamy rad, nawet tych najlepszych. Winę za to ponosi ta część umysłu, którą można nazwać wewnętrznym krytykiem.

Czym jest wewnętrzny krytyk? To mieszanina złożona z fragmentów logiki, kawałków pamięci i strumienia emocji. Jest bardzo niestała, niczym strumień pola siłowego czy podziemnej kurzawki. Ten krytyk chwieje się z jednej strony w drugą, chcąc zmienić kierunek naszego ruchu.

W życiu często spotykaliście się ze swoim wewnętrznym krytykiem. Przypomnijcie sobie, jak to bywa: wydawałoby się, że oto powzięliśmy przyjemną, ważną i jedynie słuszną decyzję. Wtedy byliśmy bardzo zadowoleni i pewni, że właśnie tak należało postąpić. Jednak po jakimś czasie zaczynają pojawiać się wątpliwości. „A może ta decyzja nie była dobra" – podstępnie pyta wewnętrzny krytyk, który zawsze wszystko musi krytykować, nie może przyjąć rzeczy, jakimi są. Po prostu został stworzony do tego, żeby we wszystko wątpić. Dobrze jest mieć czasem wątpliwości, to rzecz bezsporna, jednak gdy mamy do czynienia z jedynie prawidłowymi decyzjami, dobrymi w 100%, wątpliwości nie pomogą, a tylko zaszkodzą. Powodują wtedy bezsensowną stratę sił i energii, wycieńczają. W efekcie i tak utwierdzamy się w przekonaniu, że pierwsza decyzja rzeczywiście była dobra.

Wewnętrzny krytyk powoduje swego rodzaju falę, zmarszczki (niczym na wodzie) na powierzchni naszego umysłu, choć w tym czasie głębinowe jego części przebywają w stanie spokoju i równowagi. Mówiąc inaczej, w głębi umysłu wiemy z całą pewnością, która decyzja jest prawidłowa, a która – nie. Jednak, wewnętrzny krytyk, powodując falę na powierzchni umysłu, może pozbawić nas dostępu do informacji mieszczącej się w głębi. Może po prostu zbić z pantałyku, zupełnie zdezorientować.

Jedna z moich znajomych, jeszcze przed studiowaniem systemu DEIR, do tego stopnia była podatna na działanie wewnętrznego krytyka, że nie potrafiła podjąć żadnej decyzji. Znalazła interesującą pracę, była gotowa ją podjąć, jednak do akcji wszedł krytyk wewnętrzny i zaczął podszeptywać: „To nie jest dobry wybór, znajdziesz lepszą". Znajoma zaczęła mieć wątpliwości, a potem było już za późno – na jej miejsce zatrudniono kogoś innego. Zakochała się, już chciała wyjść za niego za mąż, ale wewnętrzny krytyk zaczął ją męczyć: „Gdzie się tak spieszysz, znajdziesz lepszego". To pytanie dręczyło ją dwa lata, wreszcie narzeczony stracił cierpliwość, odszedł, a potem ożenił się z inną. Dopiero wtedy zrozumiała, ile straciła – tamta praca rzeczywiście była dla niej i z tamtym mężczyzną mogłaby przejść przez życie – tak podpowiadała jej intuicja, gdy początkowo, bez wątpliwości i wahań, chciała zmienić pracę, potem – gdy zgodziła się wyjść za mąż za ukochanego mężczyznę. Pierwsza decyzja była prawidłowa! Wewnętrzny krytyk włączał się dopiero później. Zauważcie: pierwsza myśl, pierwsza decyzja, pierwsze wrażenie są prawidłowe, dopiero później wewnętrzny krytyk rozpoczyna swoją działalność, siejąc wątpliwości.

Po kursie systemu DEIR znajoma potrafiła rozprawić się z problemem – teraz szybko i z łatwością podejmuje decyzje, nie dając dojść do głosu krytykowi. Chociaż, jak to często bywa, jej problemy przeniosły się do innego obszaru – z obszaru znaczących zdarzeń do obszaru zdarzeń nieistotnych. Łatwo, szybko, bez wątpliwości i wahań podejmuje prawidłowe decyzje w życiu osobistym i zawodowym, ale ma kłopoty z wyborem produktów w sklepach samoobsługowych. Kobieta potrafi wieki całe stać przy koszu z jabłkami, przebierać je, by w końcu żadnego nie kupić – tak jest krytyczna przy ich wyborze. Na szczęście uczennica jest bardzo zdolna, a ponieważ wciąż nad sobą pracuje, myślę, że i z tym problemem (w końcu nie tak wielkim) sobie poradzi.

Rozumiecie już, że wewnętrzny krytyk – to niezbyt poddające się kontroli te części naszego umysłu, które powodują, że zbaczamy z drogi, i starają się zmienić rodzaj pola znaczeń interesującego nas kierunku (sprawy). Gdy tylko obierzemy dobry kierunek, włączają się niekontrolowane emocje, które zmuszają logikę i pamięć do tego, aby zaczęły obierać inny kierunek naszego ruchu, a jest on nam zupełnie niepotrzebny. Pola znaczeń, zmienione przez wewnętrznego krytyka, mogą doprowadzić nas nie tam, gdzie potrzeba, przez nie możemy nawet zboczyć z otwartej drogi.

Co robić z tym wewnętrznym krytykiem przynoszącym same szkody?

Powinniśmy nauczyć się likwidować wpływ tych zmienionych pól znaczeń i w ten sposób niwelować rolę krytyka. Mamy przecież świadomość, że głęboki umysł nie poddaje się działaniu wewnętrznego krytyka. Taki umysł zachowuje prawidłowe i prawdziwe pola znaczeń. Musimy więc po prostu „zanurkować" w głąb swego umysłu i wydostać stamtąd prawdziwe znaczenia sytuacji, faktów, zdarzeń, których wewnętrzny krytyk nie mógł zmienić.

Uzbrojeni w tę wiedzę – rozpatrzmy teraz zasady zachowania na otwartej drodze.

Zasady zachowania na otwartej drodze

Wiemy już, co to jest zamknięta droga. Otwarta natomiast – to droga zbieżna polami znaczeń z tendencjami Światowych Prądów. Oznacza to, że Prądy nie są jej przeciwne i pozwalają osiągnąć cel człowiekowi kroczącemu po takiej drodze. Oprócz tego, droga ta poddaje się prawidłowemu strefowaniu w rygorze kierowanej strefowości, tzn. jasne strefy przypadają na zdarzenia znaczące, a ciemne – na mało istotne.

Jesteście już wyposażeni w wiedzę o tym, jak poruszać się na drodze otwartej i jak ją przejść. To właśnie dla odkrytych dróg istnieją wszystkie metody drugiego stopnia systemu DEIR! Praktycznie rzecz biorąc, wszystko powinno być już zrozumiałe. Prawidłowo wykorzystane programy drugiego stopnia – programy na wykrycie prawdziwego, szczerego pragnienia, na efektywność działań, na powodzenie i szczęście, na pewność siebie – przez sam fakt swojego istnienia potrafią likwidować przeszkody ze strony pewnych struktur naszej świadomości i zmuszają podświadomość posiadającą wprawę w działaniu w środowisku energoinformacyjnym do tego, by przemieszczała nas coraz bliżej celu. Wszyscy ci, którzy w niewystarczającym stopniu opanowali metodę drugiego stopnia (być może są takie osoby wśród czytelników), zanim zaczną zgłębiać nowy materiał związany z przemieszczaniem się po otwartej drodze, powinni jeszcze raz przeczytać książkę „Kształtowanie" i ponownie przejść wszystkie opisane w niej stopnie lub wziąć udział w kursach systemu DEIR.

Jeśli na otwartej drodze spotykacie człowieka sterowanego przez pasożyty energoinformacyjne, który próbuje Wam przeszkadzać (tak może się zdarzyć nawet na otwartych drogach), z pomocą mogą przyjść techniki trzeciego stopnia. Wszystko to już znacie, umiecie, posiadacie odpowiednie nawyki i wprawę w pokonywaniu podobnych przeszkód, sprawdziliście to w praktyce. Wiecie, co zrobić, by od wpływu pasożyta odciąć człowieka, a potem przeprogramować go z korzyścią dla niego i dla Was. Macie takie możliwości. Jeśli jednak nie wszystko pamiętacie lub wątpicie, nie dowierzacie sobie, powróćcie do książki pt. „Oddziaływanie". Wtedy przebudzą się konieczna wiedza i nawyki tkwiące w Was po przejściu trzeciego stopnia, odświeżą się w pamięci, świadomości i podświadomości. To pozwoli zrozumieć, że przeszkody w postaci innych ludzi sterowanych pasożytami energoinformacyjnymi, dla Was praktycznie już nie istnieją.

Widzicie więc, że przeszliście poważne przygotowania, wstąpiliście na nowy poziom rozwoju i teraz wszystko jest stosunkowo łatwe i proste, a poruszanie się po otwartej drodze w zasadzie nie sprawia żadnych problemów – jeśli za pomocą metodyk zawartych w tej, piątej z kolei, książce, odkryliście otwartą drogę i upewniliście się co do niej. Do zrobienia pozostało niewiele – trzeba jeszcze nauczyć się radzić sobie z wewnętrznym krytykiem, jeżeli bardzo się rozbestwi.

Teraz, uogólniając wszystko, co było wcześniej powiedziane, sformułujemy trzy zasady które musimy respektować, żeby z powodzeniem poruszać się po otwartej drodze.

Zasada nr 1. Aby osiągnąć największy sukces w wędrówce po otwartej drodze, należy wykorzystywać programy drugiego stopnia – na powodzenie i sukces, efektywność działania i pewność siebie.

Zasada nr 2. Nawet na otwartej drodze należy być przygotowanym do wykrycia człowieka, za pośrednictwem którego działają pasożyty energoinformacyjne przeciwstawiające się realizacji Waszego celu. Należy wtedy zneutralizować ich działanie, stosując techniki trzeciego stopnia.

Zasada nr 3. Zawsze powinniśmy pamiętać, że nasza świadomość mogła otrzymać nowy zestaw nieprawdziwych znaczeń ze strony krytyka wewnętrznego, a to może nas sprowadzić na manowce – stracimy z oczu prawidłowy kierunek ruchu. To oddziaływanie trzeba zlikwidować.

Czwarty krok piątego stopnia systemu DEIR jest skierowany na likwidację oddziaływania wewnętrznego krytyka.

- ***System nawyków DEIR*** Stopień 5.

Krok 4. Korekta realizacji etapów odkrytej drogi z odbudową prawdziwych pól znaczeń

Wiecie już, że wewnętrzny krytyk – to powierzchniowa część świadomości, bardziej aktywna niż części głębinowe. Właśnie ta niezmierna aktywność części powierzchniowej powoduje, że wydaje się, iż należy postąpić nie tak, jak początkowo myśleliśmy, ale zupełnie inaczej. Postanowiliśmy jedno, ale krytyk awanturuje się i sroży, domagając się: „Nie, zrób inaczej!".

Aby zneutralizować wewnętrznego krytyka, należy „zanurkować" głębiej, w stabilne, głębokie warstwy umysłu i wydobyć stamtąd prawdziwe znaczenia swoich postępków, faktów, zdarzeń oraz celów. Jak to zrobić? Istnieje prosty sposób: powinniśmy sprowokować umysł, by wyjawił swą głęboką treść, w przeciwnym razie będziemy mieć dostęp wyłącznie do warstwy powierzchniowej. Można przeprowadzić tu następującą analogię: patrzymy na ekran komputera i widzimy ładną „tapetę" z poruszającymi się elementami. Człowiek nieznający przeznaczenia komputera albo małe dziecko może pomyśleć, że podstawową funkcją komputera jest właśnie pokazywanie takich ładnych kolorowych obrazków. Inni wiedzą, że wystarczy kliknąć myszą lub wcisnąć odpowiedni klawisz, żeby tapeta zniknęła i by otrzymać dostęp do informacji przechowywanej w komputerze.

Właśnie w taki sposób umysł nas dezorientuje, pokazując ładne, ruchome obrazki, za którymi ukrywa istotę rzeczy. Nie jest trudno spowodować, by zlikwidował obrazki i ujawnił prawdziwą informację – nie trudniej niż nacisnąć klawisz na klawiaturze. Taką rolę może spełnić zwykła moneta.

Nie zaczniemy od najbardziej kluczowego znaczenia w naszym życiu. Przypuśćmy, że kobieta długo oszczędzała, by kupić futro. Gdy jeszcze nie zebrała wystarczającej ilości pieniędzy i zakup pozostawał w sferze marzeń, dokładnie wiedziała, jakie futro wybierze. Miała go wciąż przed oczami. I oto zebrała potrzebną sumę. Staje teraz przed męką wyboru: A może lepiej kupić inne futro? A może kupić nie futro, ale płaszcz? Albo coś zupełnie innego? Wewnętrzny krytyk, oszołomiony zebraną kwotą, zaczął się niepokoić i zmusił kobietę do podobnych przeżyć, do zmagań z myślami, jak efektywnie wydać pieniądze zgromadzone z takim trudem.

Proponuję prosty sposób wyjścia z tej sytuacji. Weźcie kilka monet. W umyśle ustalcie wszystkie możliwe warianty wydania pieniędzy: futro, płaszcz, meble, wycieczka, pożyczenie pieniędzy sąsiadowi. Twardo i zdecydowanie postanówcie (to bardzo ważne, by decyzja w danej chwili była zdecydowana i nieodwołalna), że wybierzecie to, na co wypadnie największa ilość orłów. Oznacza to, że musicie uzależnić swoje zachowanie od zachowania się monety, musicie podporządkować się wynikowi.

Teraz zacznijcie rzucać monetą oddzielnie do każdego wariantu (różne opcje zakupów, pożyczka dla sąsiada, wycieczka, itp.). Przypuśćmy, że największa ilość orłów przypadła na wariant: „pożyczyć pieniądze sąsiadowi". Wspaniale. Wybór został dokonany. Cóż się jednak dzieje? Umysł się buntuje, dosłownie kipi z oburzenia w proteście przeciw takiemu wyborowi! Podpowiada, że przecież sąsiad przepije wszystko, długu nie odda, a wy znowu nic nie będziecie mieć!

Tak! Właśnie o to chodzi! To chcieliśmy osiągnąć! Możecie krzyczeć z radości: „hurra" – udało się oszukać umysł, uaktywnić go i sprowokować jego głębokie pokłady do pełnego ujawnienia się! Umysł zbuntował się przeciw absurdalnemu wariantowi wskazanemu przez monetę i to zmusiło go do pracy, do uaktywnienia się i wyjścia na powierzchnię, by odtworzyć prawdziwe cele, odrzucając cały blichtr, wszystkie pozory narzucone przez wewnętrznego krytyka. Teraz już możecie potrząsnąć głową i powiedzieć: „Ojej, jakież to bzdury przyszły mi do głowy" – i spokojnie iść do sklepu po wymarzone futro.

Z tej metody możecie korzystać wtedy, gdy wewnętrzny krytyk próbuje Was zdezorientować, zagmatwać sprawę. Rzućcie monetą, a wtedy głęboka część umysłu zacznie się mieć na baczności i, bądźcie pewni, zawsze zaprotestuje przeciw każdemu nieprawdziwemu wariantowi zachowania. Wtedy rozjaśni Wam się w głowie i wyraźnie sobie uświadomicie, co powinniście wybrać. Ta metoda doskonale sprawdza się w mało istotnych, znaczących i kluczowych obszarach życia.

Zasady zachowania się na drodze zamkniętej

Orientujecie się już, w jaki sposób rozpoznawać, jaka droga leży przed Wami: zamknięta czy otwarta. Wykorzystując układy testowe, możecie określić, jak rozłoży się powodzenie i niepowodzenie na nieważnych, znaczących i kluczowych obszarach. Powodzenie przypadające na znaczące obszary, przy rozmieszczeniu niepowodzenia między mało znaczącymi i kluczowymi obszarami, oznacza, że macie przed sobą zdradliwą i niebezpieczną zamkniętą drogę. Jest ona podstępna i niebezpieczna, ponieważ stale kusi, nęci, wabi nadzieją, chwilami powodzenia w obszarach znaczących. Takie powodzenie, przebłyskując raz po raz, zmusza do tego, by wciąż zwiększać stawkę, oddawać wszystkie siły, poświęcać się, zmierzając do celu, gdy tymczasem zamknięta droga zdradza kroczącego po niej. W najbardziej krytycznej i ważnej dla niego chwili – wszystko zostaje zniszczone, choć cel (jak się wydawało) był na wyciągnięcie ręki.

Nie należy jednak rozpaczać nawet wtedy, gdy macie do czynienia z zamkniętą drogą. Wiecie już, że takie drogi bywają różne – mają różny stopień zamknięcia. Ten stopień możecie określić za pomocą układu testowego, upewniając się, czy macie przynajmniej minimalne szanse na powodzenie w kluczowych obszarach. Jeśli tak, można spróbować przełamać okoliczności i przekształcić drogę zamkniętą w otwartą.

Wszystko, co powiedziałem w tej książce na temat zamkniętych dróg, sprowadza się do tego, że są zamknięte nie dlatego, że są złe i zamknięte same z siebie. Nie. Jest zamknięta właśnie dla nas, a wiąże się to nie z jakością samej drogi, ale z naszymi osobistymi właściwościami, cechami. Droga – przejście przez wykrywacz metali – absolutnie nie jest zamknięta dla wszystkich, a tylko dla tego, kto ma w kieszeni młotek.

W zależności od naszych cech i właściwości istnieją zamknięte drogi, które nie sposób uczynić otwartymi, oraz zamknięte, które – przy zmianie pewnych warunków – mogą stać się otwarte. Jeśli za pomocą układu testowego odkryjemy, że obszary kluczowe dają stuprocentowe prawdopodobieństwo niepowodzenia, najpewniej takiej drogi nie można przekształcić w otwartą. Jeśli jednak istnieje chociaż dziesięcioprocentowa szansa na powodzenie, można pomyśleć o możliwości zmiany drogi z zamkniętej w otwartą.

Podam przykład. Żeby droga przez wykrywacz metali okazała się otwarta, należy wyjąć z kieszeni młotek. W ten prosty sposób możemy zmienić swoje właściwości. Jeżeli natomiast marzymy o pracy fotomodelki i chcemy, by taka droga stała się otwartą, co wiąże się z faktem, by obwód talii zmniejszyć trzykrotnie, a wzrost zwiększyć dwukrotnie, to obawiam się, że będzie to po prostu niemożliwe. Ponad siły okaże się zmiana takiej drogi z zamkniętej w otwartą – trzeba z tego zrezygnować raz na zawsze.

Najczęściej jednak zamknięta droga nie oznacza takiej drogi, do której nie można by przystosować żadnej z Waszych właściwości. Gdyby tak było, mielibyśmy do czynienia nie z drogą zamkniętą, a czarną. Mówiliśmy już o tym, że na czarną żaden normalny człowiek nie wkroczy, pojmując, że to nie ma sensu. Jednak na zamkniętą czasem tak, ponieważ ma ku temu pewne przesłanki.

Dziewczyna chce zostać piosenkarką, nawet ma odpowiedni głos i słuch. Jeżeli droga wciąż jest dla niej zamknięta – oznacza to, że dziewczyna ma jakieś cechy przeszkadzające w kroczeniu po tej drodze. Jeśli jest to spowodowane nadmierną zależnością od wybranej drogi – tę przeszkodę łatwo pokonać za pomocą metod opisanych poniżej. Jednak jeśli powodem jest znacznie większy talent w innej dziedzinie – wtedy lepiej nie trwać w uporze wędrówki po zamkniętej drodze, a wybrać tę, na której będzie się można realizować.

Przypominacie sobie przykład z komórkami – sejfami pola informacyjnego, które każdy człowiek otwiera swoim kluczem. Zawsze najlepiej jest znaleźć taką komórkę, do której pasuje własny klucz, niż przerabiać go, upodabniając do klucza otwierającego inną, już zajętą przez kogoś komórkę, w której nie będziecie jedyni i niepowtarzalni, ale staniecie się jednymi z wielu. Otwierając swoją komórkę swoim kluczem, w swojej dziedzinie będziecie się spełniać tak potężnie, jak nikt.

Jeżeli mimo wszystko odkryliście, że macie niezbędne właściwości, by iść w tym kierunku, który okazał się zamkniętą drogą, jeżeli macie siłę coś na niej zmienić, posłużcie się wiedzą na temat zasad poruszania się po zamkniętej drodze, z którymi wkrótce się zapoznacie.

Gdy nauczycie się przekształcać zamknięte drogi w otwarte, przekonacie się, że praktycznie pozbyliście się problemów. Oprócz tego, w przyszłości, będziecie potrafili obniżyć prawdopodobieństwo pojawienia się w Waszym życiu zamkniętych dróg.

Oznacza to, że nauczycie się wykorzystywać Światowe Prądy dla swego dobra praktycznie w każdej sytuacji życiowej. Wszystkim wokół będzie się wydawać, że okoliczności zawsze Wam sprzyjają, niezależnie od tego, jaki cel chcecie zrealizować. Tak naprawdę okoliczności nie mają z tym nic wspólnego – wszystko jest tylko Waszą zasługą. Znając prawa i zasady Światowych Prądów, osiągniecie nowy poziom własnej skuteczności i praktycznie zawsze będziecie mogli kroczyć drogą sukcesu, powodzenia i szczęścia.

Najpierw jednak powinniście poznać zasady zachowania się na otwartej drodze – aby nie przysporzyła większych kłopotów ani szkody. W związku z tym jeszcze jedno zastrzeżenie.

Wielokrotnie w życiu stykaliście się z niepowodzeniami, jednak bardzo często ich przyczyną nie była zamknięta droga. Do zdarzeń przebiegających w planie osobistym koncepcję otwartych i zamkniętych dróg należy stosować bardzo ostrożnie. Wielu ludzi początkowo myśli w ten sposób: „Nie ułożyło mi się w życiu osobistym – widocznie przeciwstawiają się temu Światowe Prądy, a więc dla mnie na tym polu droga jest zamknięta!". To błędny wywód. Światowe Prądy nie mogą przeszkadzać w osiągnięciu osobistego szczęścia! Proszę to zapamiętać. Nie może być także zamkniętych dróg w kwestii rozwiązywania problemów rodzinnych, np. w układaniu się stosunków z dziećmi. Na szczęście osobiste, na normalne relacje z dziećmi otrzymaliśmy błogosławieństwo samej Natury. Są to naturalne procesy, którym nic nie przeszkadza. Dlatego przyczyn powstania tego rodzaju problemów nie należy upatrywać ze strony Prądów czy zamkniętej drogi, ale trzeba ich szukać wyłącznie w sobie. Należy wtedy stosować metody drugiego i trzeciego stopnia – pomogą skutecznie przemieszczać się po drogach, które w żadnym razie nie mogą być zamknięte.

Metody drugiego i trzeciego stopnia umożliwiają wędrówkę po pasjonującej drodze walki o szczęście w życiu osobistym. Nie będzie to walka w zwykłym rozumieniu tego słowa: ludzie często utożsamiają walkę z wczepieniem się zębami i pazurami w obiekt swojego pragnienia i osiągają przychylność wybranki (czy wybranka) wszelkimi możliwymi sposobami. Uciekają się nawet do przemocy fizycznej, tłamszenia woli metodą zaklęć i uroków oraz do innych czarodziejskich sposobów. Jednak taka metoda wiedzie w ślepy zaułek. Prawdziwa walka o szczęście w życiu osobistym – to wyrobienie w sobie wewnętrznej samodyscypliny, to wychowanie swojej świadomości i podświadomości, to pozbycie się chaosu w umyśle i w duszy, to umiejętność zaprogramowania różnych zdarzeń tak, by znaleźć się na drodze do obiektu swego pożądania. Taka metoda to właściwie nie walka, ale pasjonujący proces twórczy – tworzymy przecież najwspanialsze dzieło sztuki – siebie i swoje życie. Tak walka przynosi najwyższą rozkosz, a szczęście osobiste powstałe dzięki niej jest tym bardziej pełne i potężne, im więcej wysiłku wkładamy w jego osiągnięcie.

Wróćmy jednak do zamkniętych dróg. Wiemy już, że nie odnoszą się do życia osobistego. Gdzie wobec tego możemy się na nie natknąć?

Zamknięte drogi wiążą się bezpośrednio z tymi sferami życia, w których człowiek próbuje coś stworzyć, coś osiągnąć. Zaliczamy do nich twórczość, biznes, pracę, wynalazczość, karierę, zapewnienie sobie dobrobytu, zapewnienie rodzinie wsparcia finansowego, podróże, nabywanie własności. Jeśli w tych dziedzinach spotkamy się z brakiem możliwości realizacji celów, możemy podejrzewać obecność zamkniętej drogi.

Na zamkniętej drodze sytuacja tak się układa, że wszystkie okoliczności pracują przeciwko nam. Dzieje się tak, ponieważ nasze cechy tworzą wewnątrz świadomości takie pola znaczeń interesujących nas zdarzeń, które nie współgrają ze znaczeniami określonymi przez Światowe Prądy. Jeśli znów posłużyć się przykładem młotka i przejścia przez wykrywacz metali (choć z pewnością tego przykładu mamy powyżej uszu), to umownie rzecz biorąc, w świadomości takiego człowieka z młotkiem w kieszeni tkwi fałszywe przekonanie: „Młotek w kieszeni pomaga przejść przez wykrywacz metali". A przecież obiektywne znaczenie tego stwierdzenia jest zupełnie inne: „Młotek w kieszeni nie pozwala na przejście przez wykrywacz metali".

Regułą jest, że zamknięta droga powstaje stopniowo, gdy człowiek chłonie rzeczywistość i przetwarza ją, a świat zmienia się powoli i obszar znaczeń wypracowany przez człowieka przestaje przystawać do rzeczywistości. Upraszczając, mogę zilustrować to przykładem. Człowiek wciąż podchodzi do tego samego okienka kasowego i nie zauważa powolnych zmian wokół siebie. Okienko w tym czasie, milimetr po milimetrze, wciąż przesuwa się w bok, aż przychodzi taka chwila, że człowiek uderza o ścianę w miejscu, w którym, jak myślał, jeszcze okno jest! Dawna droga do kasy (ten bagaż znaczeń, który człowiek już posiadł) przeszkadza w osiągnięciu celu! Jeśli miejsce tego człowieka zająłby nowicjusz, łatwo znalazłby właściwą drogę.

Właśnie takie oto fałszywe znaczenia tkwiące w naszej świadomości przeszkadzają wpisaniu się w Światowe Prądy, gdzie leżą prawdziwe znaczenia tych samych faktów i zdarzeń.

Gdy poruszamy się po zamkniętej drodze, kierując się fałszywymi znaczeniami, opór okoliczności na tej drodze rośnie z każdym naszym krokiem. Przypomina to skręcanie skręconej już sprężyny – skręcamy ją bez opamiętania, nie zważając na to, że już bardziej skręcić jej nie sposób. Jednak idziemy w zaparte. W rezultacie sprężyna wyskakuje, rozkręcając się w niekontrolowany sposób, uszkadzając przestrzeń wokół, a przede wszystkim – uderzając w nas. Sami jesteśmy temu winni – jeśli pola znaczeń w naszej świadomości byłyby inne – droga nie byłaby zamknięta. Wtedy nie trzeba byłoby skręcać sprężyny stawiającej opór – ona sama rozkręcałaby się płynnie i lekko, niosąc nas tam, dokąd chcemy.

Podam przykład, by przybliżyć tę kwestię. Mężczyzna walczy o mandat poselski. W świadomości ma założone fałszywe pole znaczeń: „Pomstując na rząd, zapewnię sobie najwięcej głosów wyborców". To jednak nie odpowiada tendencjom okręgu wyborczego. Jeśli u kandydata wewnętrzne pola znaczeń współgrałyby z obiektywnymi polami znaczeń i postępowałby zgodnie z nimi, okazując wyborcom realną pomoc, sprężyna tego działania, płynnie się rozkręcając, zaprowadziłaby go do celu – zostałby posłem. Jednak on działa zgodnie z wewnętrznym, fałszywym nastawieniem – wymyśla władzy na każdym kroku, nie zauważając nasilającego się sprzeciwu środowiska oraz niezadowolenia wyborców. Dalej na siłę zwija, skręca stawiającą opór sprężynę, która w końcu wymyka mu się z rąk, odrzucając go daleko od ławy poselskiej.

W jaki sposób zmienić drogę zamkniętą w otwartą? Przede wszystkim należy wziąć pod uwagę to, że już jakiś czas nią kroczymy, nie wiedząc, że jest zamknięta. Dlatego sprężyna okoliczności jest już dostatecznie mocno zakręcona. Wobec tego najpierw powinniśmy zatroszczyć się o to, żeby osłabić jej napięcie i nie pozwolić, by wyskoczyła nam z rąk. Jeśli sprawy zaszły już za daleko, trzeba się asekurować, by (jeśli jednak wyskoczy) nie wyrządziła poważnych szkód. Gdy przedsięwzięliśmy środki ostrożności, możemy przystąpić do przekształcenia zamkniętej drogi w otwartą.

Zasady zachowania się na zamkniętej drodze i przekształcenia jej w otwartą dzielą się na trzy etapy. Pierwszy – to utrzymanie zdarzeń, by nie wyszły spod kontroli. Drugi – asekuracja w razie niepowodzenia. Trzeci – podstawowy etap – to zmiana subiektywnych pól znaczeń, z powodu których droga się zamknęła.

Aby sukcesywnie poruszać się po tej drodze, należy przestrzegać sześciu zasad.

Zasada nr 1: PRZYZWOITOŚĆ

Bardzo często ludzie traktują nieodpowiednio otaczający ich świat. Na otwartej drodze wszystko idzie jak z płatka, przebiega łatwo i prosto: podpisaliśmy umowę na remont mieszkania – brygada przyszła w terminie, pracę wykonała sprawnie i dokładnie. Wszyscy są zadowoleni. Jakżeż mogłoby być inaczej – przecież to (wydawałoby się) jest zrozumiałe samo przez się!

Jednak na zamkniętej drodze wszystko przebiega inaczej. Tam czyhają nieprzyjemności, których istnienia nawet nie podejrzewaliśmy i których w ogóle nie powinno być. Właśnie do zamkniętych dróg odnosi się słynne prawo Murphy'ego: „Jeśli coś złego może się zdarzyć, na pewno się zdarzy".

Jeśli więc jesteśmy na zamkniętej drodze i honorowo chcemy wyjść z całej tej sytuacji, musimy podporządkować się następującej zasadzie: czujność, czujność i jeszcze raz czujność. Pod żadnym pozorem nie możemy dopuszczać do jakiegokolwiek, choćby niewielkiego ryzyka, w najmniejszym stopniu nie możemy być niedokładni. Trzeba uwzględnić fakt, że na zamkniętej drodze nic nie będzie szło jak z płatka, jak to ma miejsce na drogach otwartych!

Jeśli jesteście na zamkniętej drodze i ktoś obiecuje – ustnie, bez pisemnego potwierdzenia – zapłacić Wam za pracę po jej wykonaniu, to pieniędzy na pewno nie dostaniecie. Jeśli natomiast Wy komuś zapłacicie z góry za wykonanie pracy – praca nie zostanie wykonana. Dlatego na zamkniętej drodze nikomu i niczemu nie wierzcie na słowo! Wymagajcie spisania umowy, dokumentów ze stosownymi pieczątkami i wszelkich innych gwarancji – choć na zamkniętej drodze to też jeszcze nie zapewnia powodzenia. Jednak przemyślcie każdy drobiazg i postarajcie się zrobić wszystko, by się zabezpieczyć. Oprócz tego powinniście osobiście kontrolować wszystkie etapy zamkniętej drogi. Przypuśćmy, że ktoś musi podpisać Wam ważne dokumenty – przekażcie je osobiście, nie przez sekretarkę, a będzie jeszcze lepiej, gdy zostaną przy Was podpisane.

Wniosek: na zamkniętej drodze nie należy liczyć na powodzenie i korzystny zbieg okoliczności, na przypadek. Wszystko musi być dokładnie i wyraźnie określone. Nawet w najdrobniejszej sprawie domagajcie się gwarancji. Wyznaczajcie spotkania i upierajcie się, by dostać potwierdzenie, kto, kiedy i gdzie się zjawi. Prowadźcie dokumentację wszystkich spraw finansowych. Nie wierzcie nikomu na słowo – wymagajcie stosownego potwierdzenia na piśmie. Wymagajcie jasnych i konkretnych odpowiedzi na swoje pytania. Niech Was nie zadowala czyjaś odpowiedź typu: „Prawdopodobnie zdecyduję jutro, co zrobić w Waszej sprawie". Poproście o sprecyzowanie – co znaczy „prawdopodobnie", powiedzcie: „Chcę wiedzieć dokładnie, czy jutro moja sprawa będzie rozwiązana i proszę o potwierdzenie tego na piśmie. Jeśli nie, proszę zdecydować o sprawie teraz, natychmiast – nie wyjdę z gabinetu, póki tak się nie stanie". Na jakiś czas będziecie po prostu musieli być okropnym pedantem, doktrynerem, a nawet pieniaczem. To obce Wam cechy? Cóż robić, na jakiś czas będziecie musieli wcielić się w taką rolę, skoro diabli nadali tę drogę.

Możecie powiedzieć: czy nie lepiej zrzec się tej drogi od razu niż się męczyć? Jeśli możecie to zrobić – zróbcie. Czasami jednak okoliczności tak się układają: zdajecie sobie sprawę z tego, że droga jest zamknięta, ale odwrót jest niemożliwy, musicie doprowadzić pewne sprawy do końca.

Jeden z moich przyjaciół stracił pracę i, zamiast szukać nowej, postanowił zająć się remontem mieszkania. Wymyślił sobie, że skoro ma czas, to powinno pójść jak z płatka. Jednak wszystko wywróciło się do góry nogami. Znajomy zapłacił brygadzie malarzy – obiecali pomalować mieszkanie – i już ich więcej nie zobaczył. Fachowiec położył mu tapety i dostał zapłatę – nazajutrz okazało się, że wszystkie tapety odchodzą od ścian – pieniędzy oczywiście nikt nie oddał. Oprócz tego, w domu zaczęły mieć miejsce różne nieprzyjemne sprawy: kanalizacja się zatkała, telefon się zepsuł, zaczęły się psuć przyrządy codziennego użytku.

Wszystko to doprowadziło mojego znajomego bez mała do histerii. Naturalnie zrozumiał, że droga związana z remontem mieszkania na razie jest zamknięta, otwarta jest natomiast droga poszukiwania pracy. Wiedział już, że dopóki nie określi kierunku swej życiowej magistrali, nic nie będzie się udawało. Wszystko to pojął, ale w domu panował okrutny zamęt, niesamowity bałagan i trzeba było to jakoś uporządkować. Należało wykorzystać pierwszą zasadę poruszania się po zamkniętej drodze: znaleźć niezawodną brygadę i podpisać umowę. Oczywiście, znajomy musiał wydać więcej pieniędzy, niż początkowo zakładał. Cóż robić, jeśli idziemy po drodze zamkniętej, musimy być gotowi na ofiary. W rezultacie – wykaraskał się z trudnej sytuacji remontowej przede wszystkim dlatego, że nikomu nie wierzył na słowo, na wszystko miał stosowne papiery, działał bardzo dokładnie. Potem, nadzwyczaj łatwo, znalazł nową pracę.

Zasada nr 2: OGRANICZENIE SKALI

Wiecie już, że na zamkniętej drodze nie wolno pomylić się w rachubach, nie można dopuszczać do błędów, trzeba unikać nawet minimalnego ryzyka. Podczas rozwiązywania problemów nie wolno stawiać na jedną kartę tego, czego w żadnym razie nie możemy stracić.

Przykładowo, zamknięta droga doprowadziła Waszą firmę do bankructwa, a Wy, chcąc ją ratować, decydujecie się dać pod zastaw mieszkanie. Tego w żadnym wypadku nie można robić! Zamknięta droga jest żarłoczna – pochłonie także mieszkanie – stracicie wszystko! Tego praktycznie nie da się uniknąć. A firmy przed bankructwem w ten sposób uchronić się nie da.

Dlaczego tak się dzieje? Cechą zamkniętej drogi są fałszywe pola znaczeń, a zatem wszystko, co wciągamy na tę drogę, zostaje wchłonięte przez te pola. Dom jest potrzebny, żeby mieć dach nad głową, móc żyć w spokojnej, ciepłej, przytulnej atmosferze. To jest prawdziwe znaczenie Waszego domu, leży ono w nurcie Światowych Prądów. Jeśli zastawiacie mieszkanie, by ratować firmę, nadajecie mu fałszywe znaczenie, które brzmi: „Mieszkanie potrzebne jest dla ratowania firmy". To fałszywe znaczenie stoi w opozycji do prawdziwego, które jest zbieżne z tendencjami Światowych Prądów. Im bardziej upieracie się w wykorzystaniu mieszkania niezgodnie z jego przeznaczeniem, tym silniej skręca się sprężyna, która w końcu wyleci Wam z rąk, pozbawiając i mieszkania, i firmy, i pieniędzy.

Podobnie nie wolno, znajdując się na zamkniętej drodze, wykorzystywać pożyczonych pieniędzy do ratowania jakiejś sytuacji. Nie będziemy w stanie ich oddać, a ryzyko przegranej wzrośnie.

Jaki z tego wypływa wniosek? Nie należy angażować żadnych środków odnoszących się do drogi otwartej (czy to będzie mieszkanie, pieniądze, czy człowiek) w celu ratowania sprawy należącej do drogi zamkniętej. Powiedzenie mówi, że nie zabiera się siana dojnej krowie po to, by nakarmić parszywą owcę! Wasze otwarte drogi są dojnymi krowami. Jeśli będziecie postępować wbrew przysłowiu

– krowa zdechnie i otwarta droga stanie się zamknięta. Jeśli wciągacie na zamknięte drogi środki dróg otwartych, tym samym zmieniacie ich znaczenia na fałszywe, a zatem przyciągacie nieprzyjemności na drogi, które kiedyś były otwarte!

Podam przykład. Pracujecie w jakiejś instytucji i dodatkowo zajmujecie się handlem. Pierwsze miejsce pracy – to otwarta droga, tam wszystko przebiega bez zastrzeżeń. Jednak okazuje się, że handel oznacza dla Was drogę zamkniętą i na niej zaczynają się przykrości. Zadłużyliście się na dużą kwotę. W swej podstawowej pracy macie dostęp do pieniędzy gromadzonych na wypłaty dla pracowników. Postanawiacie na jakiś czas „pożyczyć" część tych pieniędzy, by zwrócić dług. Czy trzeba mówić, jak się to skończy? Naturalnie, oddać pieniędzy w terminie nie będziecie w stanie. Jeśli macie surowego i pryncypialnego szefa, sprawa może mieć finał w sądzie.

Gdy posługujemy się środkami otwartej drogi, przenosząc je na zamkniętą, tym samym zmieniamy ich prawdziwe znaczenie na fałszywe: ze znaczenia pieniędzy na wypłatę pensji na znaczenie pozbycia się własnego długu. Taki bieg wydarzeń nie leży w planach Światowych Prądów, więc oczywiste jest, że nie uda się Wam realizować swoich planów.

Wszystko to potwierdza prawdę, że, znajdując się na zamkniętej drodze, należy do minimum zawęzić skalę swojej działalności, tzn. wykorzystać środki dostępne tylko na tej zamkniętej drodze – nie wolno wtedy przenosić aktywności na własne otwarte drogi i na otwarte drogi innych ludzi.

Z tego samego powodu powinniście odmówić pomocy w udzieleniu środków swojej otwartej drogi człowiekowi, który znajduje się na drodze zamkniętej. Przypuśćmy, że jesteście zatrudnieni w prestiżowej organizacji. Wasz najlepszy kolega też chciałby tam pracować. Jednak zdajecie sobie sprawę z tego, że dla niego to zamknięta droga. Kolega jednak bardzo prosi, żebyście się za nim wstawili, byście go zarekomendowali. Sprawa wygląda zatem tak, że kolega, wykorzystując Waszą otwartą drogę umożliwiającą dostęp do szefa, praktycznie prowokuje do tego, byście zniszczyli „szlaban" jego zamkniętej drogi. Pamiętajcie, tego robić nie można. Wasza otwarta droga zakłada tylko jedno prawdziwe znaczenie rozmowy z szefem: możecie to robić albo z przyczyn osobistych, albo ściśle związanych z pracą. Nigdy jednak nie wolno tego robić w interesach innych ludzi będących na zamkniętych drogach. Gdy przyjdziecie do gabinetu szefa z powodu fałszywego celu, ściągniecie na siebie nieprzyjemności i możecie sprawić, że Wasza otwarta do tej pory droga odtąd się zamknie.

Nie niszczcie swojej pozycji własnymi rękami! Nie niszczcie jednak także powodzenia innego człowieka, zmuszając go do tego, by pomagał Wam środkami swojej otwartej drogi, jeśli sami znajdujecie się na zamkniętej.

Wniosek: Na zamkniętej drodze należy zachowywać się niezwykle ostrożnie. Jeśli na jakimś etapie Wasza zamknięta droga zaczęła domagać się taksy przewyższającej granice tego, co możecie pozwolić sobie spisać na straty, lepiej – póki nie jest za późno – zaniechać kroczenia tą drogą, zrobić przerwę dla chwycenia oddechu, wreszcie na jakiś czas gdzieś się ukryć, zniknąć. Pamiętajcie: nie wolno wiązać zdarzeń otwartej drogi z drogą zamkniętą, jeśli nie chcecie, by ta otwarta się zamknęła.

Zasada nr 3: ASEKURACJA

Wiecie już, że zamknięcie otwartej drogi może spowodować rzecz tak banalna, jak zbyt duże znaczenie, które zaczynamy przydawać osiągnięciu celów i spełnieniu pragnień. Wszyscy wiemy, jak to bywa: rozpoczynamy jakąś sprawę jakby od niechcenia, bawiąc się tym, a wszystko przebiega gładko, przychodzi z łatwością. Jednak, im bliżej sukcesu, tym bardziej go pragniemy i wkrótce okazuje się, że ten sukces jest dla nas sprawą życia i śmierci. Tracimy wtedy swobodę, lekkość, zaczynamy zbyt poważnie odnosić się do tego, co robimy, przydajemy swym działaniom zbytnią, niczym nieusprawiedliwioną wagę – i oto droga się zamyka i wszystko tracimy.

Zatem, aby asekurować się przed fiaskiem na zamkniętej drodze, powinniśmy próbować obniżyć sobie znaczenie celu, rezultatu, który chcemy osiągnąć. Zrezygnujmy wcześniej z pełni sukcesu – ponosząc swego rodzaju ofiarę.

Oto przykład. Zarabiamy na zamkniętej drodze, wiedząc jednocześnie, jaka to droga i zdając sobie sprawę z tego, że prawdopodobieństwo utraty pieniędzy na niej jest większe niż ich zarobienie. Możemy równie dobrze zarobić, jak i stracić. Nie możemy jednak już odmówić sobie kroczenia po tej drodze. Co robić, jak zapewnić sobie bezpieczeństwo? Po pierwsze, w miarę możliwości mentalnie wyrzeknijmy się dobrego zarobku. Przekonajcie się, że nadzieja na zysk czy jakąś korzyść nie ma sensu! Niech to będzie swego rodzaju oszukiwanie siebie, jednak spróbujcie zachowywać się tak, jakbyście w ogóle nie liczyli na otrzymanie pieniędzy. W ten sposób obniżycie dla siebie wagę swoich celów, a ponieważ będzie wtedy praktycznie równa zero, nie rozrośnie się i nie stanie na drodze Światowych Prądów.

Po drugie, przygotujcie zawczasu taką sumę pieniędzy, którą możecie stracić w przypadku niepowodzenia. Niech one spokojnie leżą gdzieś w domu – będziecie mieć świadomość, że w istocie już do Was nie należą, już się ich wyrzekliście. Będzie to szczególnego rodzaju ofiara – nią oraz dobrowolnym wyrzeczeniem się pieniędzy obniżacie ważność finansów dla siebie, a w rezultacie zmniejszacie swoją zależność od finansowego sukcesu. To w istotny sposób obniża prawdopodobieństwo niepowodzenia!

W różnych wariantach w innych dziedzinach także można stosować podobne sposoby obniżające wagę celów. Gdy chcemy np. przygotować nowy projekt – przygotujmy dwa – jeden dla szefa, a drugi – niech leży w szufladzie biurka. Niepowodzenie nie będzie tak straszne, bowiem macie zapasowy, awaryjny, asekuracyjny wariant. Sprzedajecie mieszkanie – ubezpieczcie transakcję, nie będziecie wtedy tak zależni od całego przedsięwzięcia i nie będziecie się obawiać oszustwa, a to oznacza, że nie nadacie całej sprawie nadmiernego znaczenia, które w żaden sposób nie odpowiada temu prawdziwemu (z punktu widzenia Światowych Prądów).

Asekuracja jest właśnie tym, co zmniejsza znaczenie negatywnych następstw dowolnych zdarzeń. Obniża więc także rangę samych zdarzeń, co powoduje, że mogą one łatwo przejść obok Światowych Prądów, gdyż pozostają niezauważone. Pamiętajcie, że skalę (wagę) znaczeniom nadajemy my sami, zawyżając lub obniżając ich znaczenie. Świadomie obniżając skalę zdarzenia, zapobiegamy jego rozrastaniu się do rozmiaru oznaczającego przeszkodę na drodze Światowych Prądów. Zatem obniżając skalę zdarzenia, łatwiej je realizujemy – przecież tak pomniejszone nikomu nie przeszkadza.

Wniosek: na zamkniętej drodze zawsze powinniśmy przewidywać najgorszy wariant rozwoju zdarzeń, jak najwcześniej pogodzić się z nim i być na niego w pełni przygotowanym, uniezależniając się w ten sposób od pozytywnego rezultatu i od znaczenia tego rezultatu dla siebie.

Zasada nr 4: DAWKOWANIE WYSIŁKU

Ta zasada też wiąże się z wagą, jaką nadajemy zdarzeniom na zamkniętej drodze. Wiemy już, że im większe jest znaczenie zdarzenia, tym opór środowiska jest silniejszy i tym większe prawdopodobieństwo niepowodzenia. Zatem im więcej czasu poświęcimy działaniom na drodze zamkniętej, tym bardziej wzrośnie dla nas znaczenie tych działań i tym większe będzie prawdopodobieństwo krachu.

Istnieje więc zasada, zgodnie z którą w żadnym wypadku nie można tracić wszystkich sił, aktywności i czasu na pokonanie zdarzeń zamkniętej drogi. Jeśli tego nie zrobimy, wzrastać będzie znaczenie zdarzenia, a wraz z nim wzrośnie przeciwdziałanie Światowych Prądów. Dlatego – to bardzo ważne – powinniśmy umieć w krytycznym momencie machnąć na wszystko ręką, rzucić to i powiedzieć: „Niech to wszystko zginie i przepadnie" – i zająć się czymś innym. W ten sposób zdecydowanie zmniejszacie znaczenie zdarzeń, tracą one bezpośredni związek ze Światowymi Prądami i za jakiś czas sytuacja może się sama rozwiązać. Jeśli dokładnie zaczniecie się zastanawiać, z pewnością przypomnicie sobie kilka przypadków, kiedy to zdarzenia tak właśnie się rozwijały. Kilka lat zmagacie się z jakimś zadaniem, jednak nic mądrego nie potraficie wymyślić i gdy już mówicie „pas", rozwiązanie samo się pojawia. Całe lata czekacie na chwilę, gdy ktoś wam podaruje upragniony prezent, jednak oczekujecie daremnie – dopiero gdy straciliście nadzieję, dostajecie wymarzony upominek. Długo marzyliście o wyższym stanowisku i gdy zrozpaczeni godzicie się z faktem, że już go nie otrzymacie, gdy myślicie „Do diabła z tym", wreszcie oferują Wam to, czego chcieliście.

Pewien uczeń systemu DEIR, w przeszłości kierownik cechu, opowiadał, jak walczył o realizację planu, nie zdając sobie sprawy, że ta praca dla niego oznacza zamkniętą drogę. Wszystkie swoje wysiłki kierował na to, by plan realizować, ale – a to detale nie przychodziły na czas, a to jego współpracownicy zbyt nerwowo przygotowywali dokumenty – jednym słowem, wszystko się waliło. Jakoś uporał się z częścią zadań i nagle zrozumiał, że dłużej już nie może rozwiązywać problemów. Nieoczekiwanie dla siebie wziął urlop w środku zimy, zostawiwszy zakład zastępcy. Później mówił, że sam nie rozumie, jak mógł tak postąpić, dlaczego tak zrobił, przecież zostawił załogę w krytycznym momencie, chociaż zawsze był odpowiedzialnym pracownikiem.

W czasie jego nieobecności, z powodu braku surowca, zakład stanął – była to prawdziwa katastrofa. Jego zastępca miał zawał, a on zrozumiał, że gdyby nie wziął urlopu, byłby pewnie na jego miejscu, trafiłby do szpitala i to jego by reanimowali.

Intuicja zmusiła człowieka, by postąpił wbrew swym zasadom, by zignorował poczucie odpowiedzialności, co doprowadziło do końca jego kariery w cechu (odszedł wkrótce z zakładu, co, jak później się okazało, było dobrą decyzją), ale uratował zdrowie, a może nawet życie. Będąc na urlopie, znacznie obniżyło się znaczenie zakładu, w którym pracował, planu, który miał realizować itd. Dobrze zrobił. Jeśli wszyscy, chociaż od czasu do czasu, tak by postępowali, żylibyśmy dłużej, bylibyśmy zdrowsi, mniej byłoby inwalidów i ludzi złożonych niemocą.

Musimy cenić czas, nie tracić go na zamkniętej drodze – trzeba zostawić też coś dla siebie. Będzie nam ponadto potrzebny, by zamknięte drogi przekształcić w otwarte. Dlatego tym bardziej powinniśmy go cenić – ten jedyny niemożliwy do uzupełnienia dar! Nieprzypadkowo mówi się, że czas to pieniądz – przecież za wszystkie radości życia płacimy monetą czasu. Oszczędzajmy go zatem, nie traćmy na realizację niepotrzebnych celów! Nie wydatkujmy go na próżno na zamkniętych drogach!

Wniosek: działania na drodze zamkniętej powinny zajmować nie więcej niż połowę całego naszego czasu poświęconego aktywnym działaniom. Resztę lepiej przeznaczyć na sprawy związane z otwartymi drogami. Wiecie już, że nie należy mieszać wydarzeń tych dwóch dróg: zamkniętej i otwartej, niech biegną oddzielnie.

Zasada nr 5: MYŚLENIE ETAPAMI

Każda droga, osiągnięcie dowolnego celu zwykle dzieli się na kilka etapów. To może dać nam sporą przewagę, wiąże się także z możliwością obniżenia znaczenia całego celu. Przypuśćmy, że osiągnięcie celu jest dla nas niezwykle ważne – tak ważne, że staje się niemożliwe. Wspaniale – nie będziemy od razu robić zamachu na cały cel. Zadziałamy skromniej: najpierw dokonamy zamachu tylko na jeden etap całego celu – zupełnie niewielki, mało znaczący.

Gdy rozbijamy osiągnięcie celu na dziesięć etapów, tym samym dziesięć razy obniżamy znaczenie całej pracy nad osiągnięciem celu. To z kolei dziesięć razy obniża prawdopodobieństwo niepowodzenia. Bierzemy pod uwagę nie od razu cały cel, a tylko jego część – jeden etap. Jeśli nie wcielimy w życie tego etapu, nic strasznego się nie stanie, po prostu zastosujemy drugi jego wariant. I tak stopniowo, krok po kroku, dojdziemy do celu, który początkowo wydawał się niemożliwy do osiągnięcia.

Wyobraźcie sobie, że nie umiecie pływać, a tu prowadzą Was do basenu o długości pięćdziesięciu metrów i głębokości czterech metrów, po czym mówią: nurkuj. Naturalnie, wpadacie w panikę, odskakujecie jak najdalej od basenu i przekonujecie się, że nauczenie się pływania jest nierealne. Cel jest nieosiągalny – co do tego wydaje się, że nie ma żadnych wątpliwości.

Ale oto doprowadzają Was do małego baseniku, gdzie woda sięga do pasa i mówią: po prostu wejdźcie do wody. Nie trzeba nurkować, nie trzeba pływać – po prostu wejść, to wszystko. A to w ogóle nie przeraża, wiecie, że dacie radę. Potem mówią: spróbuj utrzymać się na powierzchni wody – tu jest płytko, nie utoniesz. Udało się? Teraz możesz próbować przejść na dwudziestopięciometrowy basen, tam jest głębiej, ale woda Cię jeszcze nie przykryje. Nie boisz się? A teraz już naprawdę będziecie się uczyć pływać. Gdy nauczycie się pływać w niewielkim basenie, nie będziecie się bać dużego, głębokiego basenu, który na początku tak przerażał i w którym pływanie okazało się nieosiągalnym celem.

Wobec tego rozbijcie osiągnięcie celu na zamkniętej drodze na etapy – a cel, początkowo wydający się niemożliwy do zrealizowania, zostanie osiągnięty. Postarajcie się przy tym, by każdy etap był samowystarczalny, tzn. by jego rezultat sam z siebie przyniósł korzyść, a nie stratę czy uszczerbek. W przypadku nauki pływania, nawet wtedy, gdy nie będziecie chcieli przejść z malutkiego basenu do średniego, i tak wyciągniecie z tego korzyść – przestaniecie się bać wody, tj. nabędziecie przydatnej cechy, nic przy tym nie tracąc.

W przypadku remontu mieszkania, w który wdał się mój znajomy na zamkniętej drodze, wyjście z sytuacji wyglądało następująco. Najpierw zupełnie zrezygnował z remontu, decydując się tylko na naprawę telefonu, tj. postawił przed sobą zadanie łatwe do osiągnięcia, wyrzekłszy się czasowo celu głównego. Gdybyśmy wtedy zobaczyli jego mieszkanie, opadłyby nam ręce i pomyślelibyśmy, że właściciel chyba się załamie, popadnie w apatię i że nigdy nikt tam porządku nie zaprowadzi. Właściciel tymczasem przestał brać pod uwagę stan mieszkania całościowo, skupił się natomiast na osiągnięciu celów drobnych i, wydawałoby się, nieznaczących. W ten sposób stopniowo, etapami – małymi kroczkami, nie zaprzątając sobie głowy całościową wizją, osiągnął cel – bez zbędnego stresu, cicho i spokojnie zakończył remont.

Podzielił na etapy wszystkie działania w taki sposób, by żaden nie zależał ani od poprzedniego, ani od następnego i sam przynosił określony rezultat. Proponowano mu np. w ciągu jednego dnia pomalować sufity i przykleić tapety. Odmówił jednak, wiedząc, że zamknięta droga niesie z sobą nieoczekiwane nieprzyjemne niespodzianki. Tapet nie można przyklejać, póki sufit jest niepomalowany, więc malarze muszą przyjść wcześniej, a ci od tapet muszą czekać, aż malarze zakończą pracę, albo w ogóle przyjść później... Nie, to zbyt złożone – ktoś może nie być dokładny i cała praca pójdzie na marne. Najpierw przyjdą fachowcy od tapet, będą czekać na malarzy, nie doczekają się i pójdą, potem przyjdą malarze, zapytają o tapeciarzy, powiedzą, że bez nich nie zaczną, albo wymyślą coś innego. To zbyt ryzykowne – tak rozsądził znajomy i postanowił nie robić wszystkiego naraz. Jednego dnia postanowił pomalować sufit, drugiego – przykleić tapety. Dłużej to wszystko trwało, pieniędzy wydał też więcej, ale za to każdy etap został zwieńczony sukcesem i do rozczarowań nie doszło.

Dobrze byłoby się asekurować nie tylko w kwestii osiągnięcia rezultatu w skali ogólnej – realizacji celu głównego, ale także w kwestii osiągnięcia każdego etapu oddzielnie. Oznacza to wcześniejsze przygotowanie wariantu zapasowego w razie niezrealizowania jakiegoś etapu. Dziś nie możecie iść na basen – przygotujcie wannę w charakterze wariantu zapasowego – w niej możecie pokonywać strach przed wodą. Mój znajomy remontujący mieszkanie obdzwonił na wszelki wypadek wszystkich kolegów, którzy obiecali się stawić w jego mieszkaniu i pomóc w remoncie, gdyby fachowcy zawiedli.

Wniosek: zamkniętą drogę należy rozbić na kilka etapów, a każdy z nich powinien przynieść pozytywny, korzystny (sam z siebie) rezultat. Oprócz tego, każdemu etapowi powinno się zapewnić asekurację – zabezpieczenie.

Zasada nr 6: MOŻLIWOŚĆ ODWROTU

Na zamkniętej drodze będziecie musieli wykazać się niezwykłą wewnętrzną gibkością, zwinnością i mobilnością. Przecież w każdej chwili może zdarzyć się tak, że nieoczekiwanie trzeba będzie przerwać działanie i wycofać się na wcześniej upatrzoną pozycję lub kontynuować działanie na całkowicie nowych zasadach. Człowiek „uparty", dla którego zasady są najważniejsze, poniesie porażkę na zamkniętej drodze, zgubi siebie i sprawę. Gibkość i jeszcze raz gibkość – to się liczy! Oznacza ona nie tylko natychmiastową zdolność do rezygnacji ze swoich celów i idei, ale także umiejętność przestawienia się na inne cele i na inne sposoby ich osiągnięcia.

W tym celu należy wcześniej przygotować drogi odwrotu – zapasowe, rezerwowe drogi. To w rzeczywistości jeden z wariantów asekuracji, stanowiący trzecią zasadę, jednak tam asekuracja przewidywała inny wariant tej samej sprawy, natomiast drogi rezerwowe (zapasowe) oznaczają coś zupełnie innego, czym można by się zająć w przypadku niepowodzenia.

Bardzo często ludzie szykują sobie awaryjne rozwiązania zupełnie instynktownie, kiedy czują, że to, nad czym pracują, zamyka się dla nich (choć raczej powinniśmy powiedzieć, że zamyka się droga z tą sprawą). Właśnie tak postępują biznesmeni, rejestrując na wszelki wypadek kilka firm: jedną na siebie, a pozostałe na żonę czy syna. Niepowodzenie na jednej z dróg pozwala możliwie bezboleśnie przejść do innej.

Oczywiście, nas najbardziej interesują przypadki, gdy ludzie uzbrojeni w wiedzę systemu DEIR świadomie stosują ją w praktyce, szczególnie gdy świadomie tworzą awaryjne drogi, zrozumiawszy, że stoją na zamkniętym szlaku.

Opiszę pewne zdarzenie. Aleksy S. skutecznie zajmował się pracą naukową. Pierwotnie jego droga była otwarta. Nadeszła jednak chwila, gdy nawet bez użycia systemu testowego stało się oczywiste, że powodzenie wprawdzie koncentruje się w znaczących obszarach, ale w kluczowych zaczyna zanikać. Finansowano co prawda badania, ich wyniki były obiecujące, jednak gdy skończył pracę, okazało się, że jej rezultaty już nie interesują tych, którzy badania zamówili. W efekcie naukowiec za rezultaty swej pracy nie otrzymał ani grosza, a same badania okazały się nikomu nieprzydatne.

Aleksy pracował, jednak zarabiał mało, ledwie wiązał koniec z końcem, miał też coraz mniej satysfakcji z tego, co robił. Było oczywiste, że droga zamykała się nieodwołalnie. Nie będziemy teraz wdawać się w szczegóły, dlaczego tak się działo. Najważniejsze, że tej zamkniętej drogi nie można było przekształcić w otwartą.

Przyszedł czas na poszukiwanie awaryjnych wariantów. Za pomocą układu testowego wyjaśniono, że powodzenie przyjdzie w ramach współpracy z pewnym czasopismem popularno-naukowym. Aleksy zaczął pisać artykuły, nie porzucając jednak dawnej pracy. To pozwoliło mu lepiej zarabiać i twórczo się rozwijać. Wkrótce zauważono jego teksty i zaproszono do telewizji z propozycją prowadzenia programu. Cały rok Aleksy wiódł takie „podwójne" czy nawet „potrójne" życie zawodowe – pracował jednocześnie w instytucie, telewizji i redakcji czasopisma. W tym czasie w instytucie było coraz gorzej. Wkrótce okazało się, że pracować tam już nie sposób, więc znajomy łatwo i całkowicie bezboleśnie przeszedł na nową drogę (na której właściwie już dawno był) – został uznanym populary-

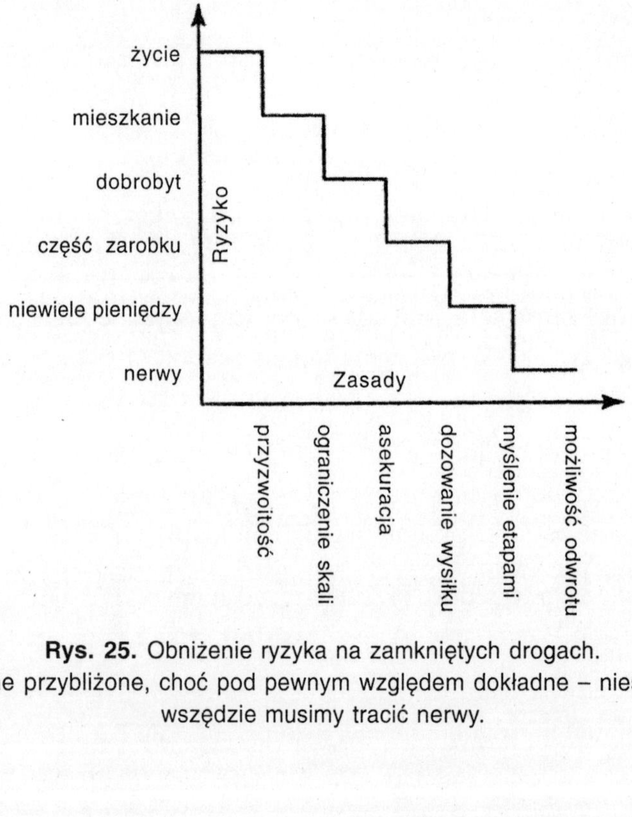

Rys. 25. Obniżenie ryzyka na zamkniętych drogach.
Dane przybliżone, choć pod pewnym względem dokładne – niestety, wszędzie musimy tracić nerwy.

zatorem nauki. Nie jest to, oczywiście, główny cel jego życia, to jeszcze nie jest główny kierunek magistrali, ale to awaryjna droga, która go uratowała. Teraz stopniowo przechodzi do swojej fundamentalnej, głównej odkrytej drogi – do najważniejszego kierunku istnienia – są to nowe kierunki w nauce związane z oddziaływaniami energoinformacyjnymi. Instytut, w którym pracował, rozpadł się wkrótce po jego odejściu i teraz praktycznie nie istnieje.

Wniosek: jeśli znaleźliśmy się na zamkniętej drodze, musimy bezzwłocznie przygotowywać asekuracyjne, zapasowe wyjścia z sytuacji, po to, żeby nie znaleźć się w ślepej uliczce, nie popaść w stan kryzysu, jeśli nie uda nam się przejść zamkniętej drogi.

Oto wyliczyliśmy sześć zasad zachowania się na zamkniętej drodze – sześć zasad umożliwiających wykaraskanie się z minimalnymi stratami z zamkniętej drogi, jeśli musieliśmy na nią wejść. Zrozumieliście już, że bywają takie przypadki (a jest ich niemało), kiedy zamkniętą drogę można przekształcić w otwartą – zależy to tylko od Was.

Co się stanie, jeśli przy pomocy układów testowych nauczymy się prawidłowo odkrywać, gdzie czeka na nas otwarta droga, a gdzie jest droga zamknięta, jeśli uda się opuścić wszystkie zamknięte drogi naszego życia, jeśli będziemy umieli zmienić w otwarte wszystkie zamknięte drogi poddające się takiemu przekształceniu? Czy domyślacie się? Tak! W naszym życiu nie będzie już ani jednej zamkniętej drogi!

I jeszcze jedna sprawa – najważniejsza – nie będziemy czuć żadnej potrzeby wstępowania na zamknięte drogi. Bo i po co? Nie będą nam więcej potrzebne. Przecież przed nami ścielić się będą drogi najbardziej korzystne. A jeśli widzimy przed sobą trasę równą, gładką, prostą, szeroką, po co mielibyśmy taplać się w błotnistej, wiejskiej drodze, pełnej wybojów i wyrw? Ludzie trafiają w takie wyrwy i wyboje tylko dlatego, że nie widzą przed sobą innych, bardziej sprzyjających perspektyw. My natomiast bez trudu możemy takie perspektywy odkrywać. Wyobrażacie sobie, z iloma przywilejami się to wiąże! Ileż zaoszczędzimy dzięki temu zdrowia, sił życiowych, energii, wreszcie – czasu! Dlatego – kroczmy śmiało naprzód, ku nowym możliwościom, ku powodzeniu, dobrobytowi i szczęściu! Wszyscy na to zasłużyliśmy. Wszyscy jesteśmy tego warci.

Zbliżamy się teraz do bardzo ważnego momentu – do osiągnięcia wprawy, do nawyków w przekształcaniu zamkniętych dróg w otwarte. Skoncentrujcie się. Bądźcie uważni podczas czytania następnego rozdziału, szczególnie podczas zgłębiania następnego kroku. Obiecuje on poważne zmiany w Waszym życiu.

ROZDZIAŁ 7.

PRZEKSZTAŁCENIE DROGI ZAMKNIĘTEJ W OTWARTĄ

Zasady stosowania metody

Rozumiecie już, co jest przyczyną powstania i istnienia zamkniętej drogi. Mówiliśmy o tym kilkakrotnie: przyczyny te leżą w sferze znaczeń, które nadajemy zdarzeniom na takiej drodze. Jeśli te znaczenia są sprzeczne ze Światowymi Prądami, wtedy droga się zamyka. Nasze nieodpowiednie znaczenia stają się swego rodzaju kijami, które wkładamy w szprychy kół tych Prądów (nic o tym nie wiedząc). Ponieważ Światowe Prądy są od nas znacznie silniejsze, nawet nie zauważą tego typu przeszkód, a my, w zderzeniu z Prądami zostajemy odrzuceni bardzo daleko, w rezultacie czego doznajemy poważnych obrażeń, zarówno fizycznych, jak i duchowych. Powtórzę raz jeszcze: nie dzieje się tak dlatego, że Światowe Prądy chcą się nam przeciwstawić czy chcą za coś ukarać. Po prostu idą swoją drogą i niczym potężna rzeka zmiatają wszystkie przeszkody, nawet ich nie zauważając. Dlatego nie wolno stawać na drodze wzburzonych, rwących rzek!

W jaki sposób możemy, z naszymi fałszywymi znaczeniami, stanąć na drodze Światowych Prądów? Przedtem potraktowaliśmy tę kwestię ogólnie, teraz nadszedł czas na szczegółową analizę.

Każde znaczenie, którym obdarzamy zdarzenie, fakt, sytuację czy przedmiot, posiada dwa typy charakterystyki: jakościową i ilościową. Jakościowe można podzielić na pozytywne i negatywne. W przykładzie: „Mieszkanie jest potrzebne po to, by w nim mieszkać" mamy do czynienia z pozytywną charakterystyką jakościową, przecież odzwierciedla ona przeznaczenie, które przypisujemy obiektowi, treść (jakość) przedmiotu i jego niezbędność (ocena pozytywna). Inny przykład: „Jestem bezrobotny, czyli biedny" – to negatywna charakterystyka jakościowa, gdy faktowi braku pracy, który jest faktem neutralnym (dla kogoś to może być szczęście), człowiek sam przypisuje jakość – biedę – nadając jej negatywną ocenę oraz treść.

Charakterystyka jakościowa oznacza stopień pozytywnych lub negatywnych cech, które nadajemy przedmiotowi, faktowi czy zdarzeniu. Wszystko, co jest dla nas złe, może być złe w różnym stopniu: nie bardzo dobre, niezbyt dobre, złe, bardzo złe, straszne, katastrofalne. To samo odnosi się do oceny „dobrze" – oscyluje ona od zwykłego *dobrze*, aż po *prześwietnie*. Oto przykład: „Mieszkanie jest mi potrzebne dlatego, żeby w nim mieszkać – jeśli go nie będzie – umrę". Jest to jawnie zawyżona pozytywna ocena – człowiek winduje mieszkanie na poziomy nadzwyczaj znaczące, takie, że życie w porównaniu z mieszkaniem okazuje się być mniej ważne. Inny przykład: „Potrzebne mi to mieszkanie, ponieważ w nim mieszkam, ale to nie jest najważniejsze, gdyż wszędzie można mieszkać i nie jest tak bardzo istotne, gdzie".

Jak sądzicie, który człowiek jest bardziej narażony na utratę mieszkania? Ten, dla którego jest ono nadzwyczaj cenne i który boi się je stracić do tego stopnia, że nawet życie ceni niżej, czy ten, kto przydziela mieszkaniu stosowne miejsce i nie nadaje mu rangi tego, co najcenniejsze? Oczywiście, ten pierwszy szybciej straci mieszkanie. Dlaczego? Ponieważ wyniósł je do poziomu Światowych Prądów, a to stało się przeszkodą na ich drodze.

Przecież na poziomie Światowych Prądów nie jest ważny sam przedmiot, ale znaczenie, które mu nadajemy, tzn. istotny jest nasz stosunek do niego. Na poziomie Światowych Prądów – poziomie energoinformacyjnym – nie jest ważna cena – materialne napełnienie przedmiotu, ale jego napełnienie energoinformacyjne. A właśnie takie napełnienie tworzymy sami – swoimi myślami, emocjami, stosunkiem – tym znaczeniem, które nadajemy przedmiotowi. Jeżeli obdzielamy przedmiot zawyżonym znaczeniem, tym samym tworzymy jego gigantyczną konstrukcję energoinformacyjną sięgającą poziomu Światowych Prądów.

Jeśli natomiast ilościowy aspekt naszej oceny jest nieznaczny, to dla Światowych Prądów ten przedmiot pozostaje niezauważalny – przecież nie przewyższa on ziemskiego poziomu i zwyczajnie nie sięga poziomu Światowych Prądów. Nawiasem mówiąc, tak powinno być – mieszkania i inne rzeczy potrzebne są w ziemskim życiu, nie ma to żadnej styczności z Prądami – dla nich są to sprawy absolutnie obce i dlatego usuwają je ze swojej drogi. Przydając nadzwyczajne znaczenie rzeczom i zdarzeniom ziemskiego życia, nawet o tym nie wiedząc, próbujemy wmówić Światowym Prądom, że to jest ważne także dla nich. Naturalnie, Prądy nie godzą się z takim postawieniem sprawy i odrzucają wszystko, co jest dla nas ważne, a co chcemy uczynić ważnym także dla nich.

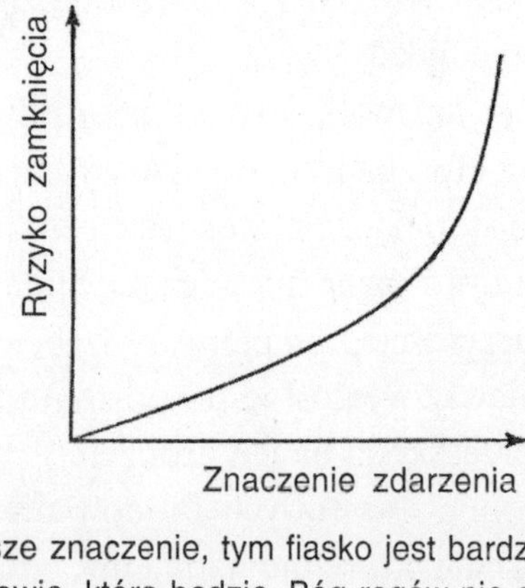

Rys. 26. Im większe znaczenie, tym fiasko jest bardziej prawdopodobne. „Krowie, która bodzie, Bóg rogów nie daje".

Pamiętajcie, że we Wszechświecie wszystko jest ze sobą powiązane! Człowiek jest ściśle związany ze Światowymi Prądami, szczególnie ten, który wkroczył na nowy poziom ewolucji. W wyniku tego ścisłego powiązania wszystkiemu, co uważa za cenne, próbuje nadać podobną rangę także na poziomie Światowych Prądów. One się na to nie godzą – idą swoją drogą, a człowiek ponosi klęskę.

Jeśli natomiast obniżamy rangę znaczeń, to od tego same zdarzenia ani rzeczy nie tracą na wartości, nie zmieniają się – pozostają takie same! Nie potrzebujemy zmieniać zdarzeń, tylko zmienić swój stosunek, tj. dokonać pewnych zmian we własnym umyśle. Tylko tyle. Wtedy zdarzenia będą się rozwijały pomyślnie, aż do pozytywnego dla nas rezultatu.

Mówiliśmy już o tym, w jaki sposób można zmniejszyć znaczenie pewnych faktów i zdarzeń, żeby łatwiej było pokonać zamknięte drogi. Pomaga asekuracja, zgoda na utratę wszystkiego i przygotowanie awaryjnych dróg wyjścia. Teraz powiemy, jak za pomocą zmiany znaczenia zdarzeń lub rzeczy można zmienić zamknięte drogi w otwarte.

W jaki sposób w celu przekształcenia drogi otwartej w zamkniętą najlepiej zmniejszyć znaczenie zdarzeń i przedmiotów znajdujących się na tej drodze? Najlepiej zastosować metodę „drugiej nogi".

• ***System nawyków DEIR*** Stopień 5.

Krok 5a. Przekształcenie zamkniętej drogi w otwartą: „druga noga"

„Druga noga" po prostu inny kierunek działania. Jednak teraz kierunek ten nie występuje w charakterze asekuracji czy drogi awaryjnej, ale stanowi swego rodzaju przeciwwagę dla zawyżonego znaczenia naszej podstawowej działalności leżącej na zamkniętej drodze, którą chcemy przekształcić w otwartą.

Podam przykład. Jesteście pochłonięci pewną sprawą i znajdujecie się na głównej drodze – magistrali swojego rozwoju i samorealizacji. Jednak droga, początkowo otwarta, teraz się zamyka. Dlaczego? Może powinniście przejść na nowy poziom rozwoju i w związku z tym zmienić rodzaj działalności? Nie, macie pewność, że nie w tym rzecz, przecież jeszcze nie zdążyliście się zrealizować na tej drodze. Należy więc pomyśleć, jakie mogą być przyczyny zamykania się drogi. Najpewniej polegają na tym, że nazbyt zaczęliście od niej zależeć, że przydajecie jej nadzwyczaj duże znaczenie i ogromnie boicie się stracić to, co osiągnęliście. Gdy to zmienicie, droga znów będzie stać otworem. Regułą jest, że nie pomaga w tym ani autosugestia, ani żadne próby przekonania samego siebie. Korzystne jest natomiast realne przeszeregowanie, przestawienie, jakby rozcieńczenie znaczenia poprzez przesunięcie go na coś innego – na „drugą nogę".

„Druga noga" dzieli się na dwa rodzaje.

Pierwszy rodzaj – to odejście w zupełne przeciwieństwo.

Wyobraźcie sobie zawody bokserskie – każdy widz może postawić na tego czy innego boksera i wygrać lub przegrać określoną sumę pieniędzy. Przyjmowane są np. stawki: jeden do pięciu – jeśli bokser wygra, otrzymujecie sumę pięć razy większą od tej, którą postawiliście; jeśli przegra, stracicie wszystko. Możecie postąpić bardzo przebiegle. Postawcie część pieniędzy na boksera, a część – przeciw niemu – dzięki temu, jeśli przegra, pieniądze Wam się zwrócą. Jeśli wygra, otrzymacie pięć razy więcej! W ten sposób nic nie tracicie i nie jesteście tak zależni od rezultatu pojedynku, nie denerwujecie się niepotrzebnie w czasie walki – wiecie przecież, że nic nie stracicie.

Tę samą taktykę można zastosować do każdego rodzaju działalności. Weźmy pod uwagę taki absurdalny – jak się wydaje na pierwszy rzut oka – przypadek, który jednak rzeczywiście miał miejsce.

Młoda nauczycielka uczyła w szkole w klasach nauczania początkowego. Lubiła swoją pracę, widać było, że lepiej wybrać nie mogła – droga, po której kroczyła, była otwarta. Jednak stopniowo zaczęły się nieprzyjemności. Poczuła zmęczenie pracą, która przestała ją interesować, zjadła ją rutyna, zniknęła cała twórcza inwencja. Z tego powodu zmieniło się zachowanie dzieci – przestały uważać, rozmawiały. Potem zmieniło się też zachowanie dyrekcji – zaczęła ją upominać. Do tego doszła niska pensja, żeńskie grono nauczycielskie – wszystko to sprzyjało depresji. Jednocześnie rósł strach, że ją zwolnią i zostanie bez środków do życia. Kobieta wpadła w panikę, im bardziej rósł jej strach, tym bliższa wydawała jej się perspektywa zwolnienia.

Jeden z moich uczniów podpowiedział jej możliwe wyjście z sytuacji. Kobieta zdecydowała się na krok rozpaczliwy i ryzykowny. Swego czasu ukończyła kurs choreografii, postanowiła więc, pracując nadal w szkole, zostać tancerką w nocnym kabarecie.

Nikt tam nie wiedział o jej pracy w szkole, a w szkole – o zatrudnieniu w klubie. Nie musiała tańczyć co noc, dlatego nie była wyczerpana. Za to jej życie nabrało niebywałego blasku, ostrości i wypełnienia! Kobieta odżyła, poweselała, do klasy wpadała jak na skrzydłach, lekcje były twórcze, pełne pomysłów, radości i zabawy. Miała pieniądze, przestała zależeć wyłącznie od skromnej nauczycielskiej pensji. Praca nauczycielki była dla niej sposobem samorealizacji, do szkoły szła z radością i osiągała sporo sukcesów. Dzieci, nauczyciele, dyrekcja, rodzice – wszyscy ją dosłownie ubóstwiali. Gdyby wiedzieli, na czym polega sekret takiej czarodziejskiej przemiany! Oczywiście nie wiedzieli i nie mogli się dowiedzieć – to była prawdziwa tajemnica. Tajemnica i związane z nią ryzyko dodawały jej sił – to przecież spora dawka adrenaliny.

Obranie przeciwnego kierunku przynosi radość, twórczy zapał, daje nowe życie, niezwykle interesujące, nasycone i pełnowartościowe. Niekoniecznie przecież musimy tak ryzykować, jak to zrobiła nasza bohaterka. Można wybrać prostszy wariant. Jeśli wziąć pod uwagę instytucje naukowe, można połączyć pracę na jednym wydziale z pracą u konkurencji. Wydaje się to nieprawdopodobne, jednak, gdybyście wiedzieli, ilu pracowników naukowych tak właśnie robi!

W tej metodzie dopuszczalne są warianty – po prostu twórz, wymyślaj, próbuj. Najważniejsze, żeby się w życiu nie zapętlić w jakiejś jednej roli. Wiedzcie, że człowiek ma różne oblicza. Wypróbujcie się w różnych dziedzinach, ze wskazaniem na to, by były przeciwstawne, całkowicie różne. Sami siebie odkryjecie na nowo, dojrzycie szczyty, których istnienia nawet nie podejrzewaliście, ukażą się nowe możliwości i nowe życie.

Drugi rodzaj – to odejście na inną płaszczyznę życia.

W pierwszym wariancie rozpatrywaliśmy przejście na inną, jakby równoległą drogę – w nową działalność. Teraz omówimy odejście jakby w inny wymiar, na inną płaszczyznę.

Podam przykład. Jesteście zadowoleni ze swej podstawowej pracy, głównej działalności. Nie macie czasu, by pracować u konkurencji ani tańczyć w nocnym klubie. Jednak zmęczenie rośnie, wyniki słabną – pojawiają się oznaki zamykającej się drogi. Zmniejszcie znaczenie swojej pracy poprzez rozłożenie go na kilka płaszczyzn życia, np. wdajcie się w pracy w romans. To bardzo wygodne – od pracy zbytnio nie odciąga, a jednocześnie nie każe wyłącznie o niej myśleć. Znaczenie zajęć zawodowych nieco spada, a zatem polepszają się ich wyniki.

Dobrze jest też mieć swoje hobby – to pomaga. Na pierwszy rzut oka wydaje się to nie mieć sensu – ani pieniędzy, ani korzyści z tego nie ma, jednak obniża ono znaczenie podstawowej pracy, a więc pomaga w osiąganiu dobrych wyników i zarobieniu większych pieniędzy. Nieprzypadkowo ludzie wymyślili hobby – podświadomie zajmują się nim w celu obniżenia znaczenia podstawowej działalności! Obecnie współczesna nauka o oddziaływaniach energoinformacyjnych może logicznie wyjaśnić to, co ludzie wcześniej odczuwali na poziomie podświadomości.

Sami wybierajcie rodzaj hobby. Ktoś zacznie śpiewać w chórze, ktoś inny będzie kolekcjonował znaczki. Szukajcie tego, co Wam odpowiada, podejdźcie do tego w sposób twórczy – poszczęści się Wam.

Uwzględnijcie fakt, że nie jest to jedna z metod psychoterapii, jak wielu sądzi! Odejście na inną płaszczyznę życia nie jest sposobem na uspokojenie nerwów czy doprowadzenie psychiki do normy. Nie! Psychika nie ma tu nic do tego. Po prostu, gdy na zamkniętej drodze obniżacie znaczenie zdarzeń metodą odejścia na drugą płaszczyznę, ta droga zaczyna się otwierać sama z siebie i wszystko, co się z nią wiąże, także układa się samo – wcale nie dlatego, że wzmocniliście układ nerwowy czy psychikę.

Aby metoda była skuteczna, trzeba spełnić tylko jeden warunek (w którym niektórzy upatrują jej defektu): należy mieć niezbędne i całkiem niemałe rezerwy emocjonalne. Człowiek wyczerpany nerwowo nie jest zdolny do tego, by wdawać się w romans czy nawet śpiewać w chórze. Często zamknięta droga osłabia siły emocjonalne. Jednak, jeśli dokładnie realizujecie zasady poruszania się po zamkniętej drodze, to posiadacie już tajemnicę zachowania rezerw emocjonalnych nawet w najtrudniejszych sytuacjach. Tak, zasady zachowania się na zamkniętej drodze nie są niczym innym, jak sposobem na to, by w jak najlepszym stanie zachować nerwy, psychikę i emocje. Dlatego Wy, moi drodzy Czytelnicy, nie musicie obawiać się emocjonalnego wyczerpania. Posiadacie wszystkie niezbędne rezerwy, by realizować piąty krok piątego stopnia DEIR.

Jako wariant uzupełniający dobrze jest zrealizować poniższy krok.

- ***System nawyków DEIR*** Stopień 5.

Krok 5b. Przekształcenie zamkniętej drogi w otwartą: powodzenie innego człowieka

Wszyscy już wiemy – droga zamyka się dlatego, że waga, jaką przykładamy do zdarzeń, jest sprzeczna z ich doniosłością wobec Światowych Prądów. Przykładowo, Wasze dalsze powodzenie wiąże się z posiadaniem pieniędzy. Dla Was posiadanie pieniędzy jest sprawą doniosłą, nadzwyczaj ważną.

Niepowodzenia na zamkniętej drodze zazwyczaj mają miejsce na tych obszarach, które są dla Was niezmiernie ważne. Może być tak, że sami sobie tego nie uświadamiamy. Możemy sobie nie uświadamiać, jak wielkie znaczenie nadajemy pieniądzom. Jednak gdy wszystko się w życiu układa, tylko nie finanse, możemy przypuszczać, że właśnie tak się dzieje – pieniądzom nadajecie ogromne znaczenie.

Z tej sytuacji stosunkowo łatwo wyjść. Jeżeli nie potrafimy zmienić (na razie) stosunku do pieniędzy, spróbujmy po prostu zdjąć z siebie odpowiedzialność za ten znaczący dla nas obszar, na którym doznajemy niepowodzeń, i przenieść ten ciężar na innego człowieka, dla którego nie jest to tak ważne, aż tak doniosłe. Przekażcie mu część swoich pełnomocnictw i niech robi to, co Wam się nie udaje.

Podam przykład. Macie nową firmę – udaje się wszystko oprócz relacji z klientami. Zdobywacie towar, dbacie o wizerunek firmy, jednak gdy kupujący mają płacić, a Wy – otrzymać pieniądze, nic z tego nie wychodzi. Wtedy opuśćcie ten obszar. Znajdźcie takiego człowieka, który ma dobre relacje z pieniędzmi i mianujcie go swoim zastępcą. Niech prowadzi wszystkie sprawy związane z rozliczeniami i z klientami.

Jeśli Natura zakazuje wstępu na obszar nadmiernie rozszerzony, rozdmuchany przez Waszą wyobraźnię, nie sprzeciwiajcie się

– opuśćcie go, z własnej woli przekażcie go innej osobie, która do tego obszaru przywiązuje mniejszą wagę. Po takim dobrowolnym odejściu Wasze relacje z tym obszarem znormalizują się, wszystkie znaczenia zajmą odpowiednie miejsca.

W życiu codziennym też możemy zastosować ten sposób. Przypuśćmy, że zupełnie nie udaje się remont domu, ponieważ zbyt wielką wagę przykładacie do mieszkania i obawiacie się, że robotnicy coś uszkodzą, boicie się dosłownie o każdy drobiazg. Usuńcie się, odejdźcie sami. Niech remontu dogląda rodzina lub specjalista. Powiedzcie sobie: „Niech się dzieje, co chce" i wyjedźcie jak najdalej – tam, gdzie zapomnicie o remoncie. Możecie od czasu do czasu kontrolować cały proces (żeby generalnie wszystko przebiegało jak należy), jednak nazbyt się nie wtrącajcie. Wiecie przecież, że ten, kto nadzoruje remont, na tym obszarze ma więcej powodzenia niż Wy, a zatem cokolwiek się stanie i tak okaże się to bardziej pomyślne, niż stałoby się przy Was! Właściwie to już wszystko. Remont zabezpieczyliście, otrzymanie pieniędzy macie zapewnione – przecież inni ludzie, którzy przyszli z odsieczą, nie przywiązują tak wielkiej wagi do zdarzeń i, w odróżnieniu od Was, w tych kwestiach znajdują się na otwartej drodze. Oznacza to, że wkrótce będziecie się cieszyć ich sukcesem, gdyż będzie to także Wasz sukces. Wspaniale byłoby, gdybyście jeszcze mieli przy tym „drugą nogę". Wtedy sprawy potoczą się gładko jak nigdy! Najważniejsze, by znać zasady prawidłowego postępowania w danej sytuacji. Teraz doskonale znacie zasady, które nie pozwolą Wam zginąć w trudnej sytuacji.

Wszystkie wskazówki, które przed chwilą podałem, są swego rodzaju „podporami", „kosturami", które pomogą stanąć na nogi i wyjść z drogi zamkniętej na otwartą. Jednak po drodze otwartej nie można w nieskończoność poruszać się o kulach czy też z kosturem w ręce! Wcześniej czy później będziemy musieli je odrzucić i iść o własnych siłach – śmiało i pewnie, nie odwołując się do podpórek w postaci paralelnych dróg, „drugich nóg" i powodzenia innych ludzi. Gdy udało się przekształcić zamkniętą drogę w otwartą, musimy z nią stworzyć dobre, pozytywne relacje.

Pomoże nam w tym następny krok.

• ***System nawyków DEIR*** Stopień 5.

Krok 5c. Przekształcenie zamkniętej drogi w otwartą: wejść na nowo

Gdy realizowaliście poprzednie kroki, pewnie nie domyślaliście się, że tym samym przygotowywaliście się do tego, by śmiało, pewnie i samodzielnie pójść drogą, która znów otworzyła się przed Wami. Przecież gromadziliście rezerwy emocjonalne, przestrzegając zasad zachowania się na zamkniętej drodze. Obniżyliście zależność od tej drogi przy pomocy „drugiej nogi". Potrafiliście uratować samolot pikujący w kierunku ziemi dzięki powodzeniu innego człowieka. A najważniejsze – dzięki zjednaniu sobie, przyciągnięciu do siebie innego człowieka obniżyliście doniosłość najbardziej kluczowych i podstawowych odcinków Waszej drogi, tych momentów, które wszystko psuły. Po prostu sami usunęliście się z tych obszarów, obniżając w ten sposób ich doniosłość. A to oznacza, że teraz możecie śmiało wziąć sprawy w swoje ręce i od nowa zacząć poruszać się po drodze, bez obawy, że ta znowu się zamknie.

Możecie wędrować z osobą pomagającą Wam swoim powodzeniem, jednak możecie to robić bez niej – z jej pomocą nabyliście niezbędnego doświadczenia, uwolniliście swoją zależność od kluczowych obszarów, a ona z kolei nabrała przy Was doświadczenia. Teraz zarówno Wy, jak i ona gotowi jesteście do samodzielnej wędrówki – tam, gdzie nie musicie już więcej zależeć od siebie.

Zacznijcie od początku. Przejdźcie znowu wszystkie etapy drogi. Dodajcie do swego doświadczenia kierunek, w którym pracował przyciągnięty przez Was inny człowiek. Pielęgnujcie, dopracowujcie wszystkie jego osiągnięcia. Rezultat pojawi się wkrótce – przecież macie ku temu wszystko, czego potrzebujecie.

Oto zrealizowaliśmy wszystkie kroki pierwszego etapu piątego stopnia systemu DEIR. To był jeszcze jeden bardzo ważny etap naszego rozwoju. Rozumiemy już prawa rządzące światem – wyższymi jego warstwami oraz zasady zachowania się w nim. Cóż może być bardziej pięknego, wspaniałego, porywającego, pasjonującego? Żyć w zgodzie ze Światowymi Prądami – to być w zgodzie z całym światem, zarówno światem wyższym, jak i człowieczym, to żyć w zgodzie z samym sobą i nieprzerwanie robić postępy, odnosić sukcesy. W doskonaleniu się przeszkadza stagnacja i brak wiedzy. Jednak ludzie z reguły nie chcą się rozwijać i uczyć. Jakże się cieszę, że stanowicie chlubny wyjątek! Jakże jestem szczęśliwy, że kroczycie drogą ewolucyjnego rozwoju i zdobywania wiedzy! Cieszcie się tym także Wy. Większość ludzi, w odróżnieniu od Was, nawet się nie domyśla, czym jest prawdziwe życie. Wy to wiecie. Dlatego macie pełne prawo do tego, by zaliczać się do grona niewielu naprawdę szczęśliwych ludzi na tym świecie.

W trakcie czytania tej książki wypróbowaliście zaprezentowane w niej metody – opanowaliście wejście w rygor strefowości, odkrycie zamkniętych i otwartych dróg, kontrolę prawidłowego poruszania się po otwartej drodze oraz sposoby korygowania zamkniętych dróg... Poczuliście już, jak wiele mogą dać te metody. Teraz możecie doskonalić się w ich stosowaniu i osiągać jeszcze lepsze rezultaty. Mnóstwo ludzi rozwiązuje problemy za pomocą znanych Wam metod – zatem doskonale sprawdziły się w praktyce.

Nie będę tu wszystkiego wyliczał. Przykładów jest bardzo dużo. Wielu, z pomocą tych metod, potrafi doskonale wybrać zawód – są one lepsze od testów psychologicznych dotyczących wyboru profesji. Niejeden biznesmen uratował już swą firmę przed bankructwem.

Mnóstwo słuchaczy naszych kursów uniknęło niepotrzebnej bieganiny, zamieszania wiążącego się z nieprzydatnymi spotkaniami, niepotrzebnymi wyjazdami czy nabyciem określonych dóbr. A ileż było na ich drodze spotkań wartościowych, ważnych wyjazdów, przydatnych zakupów...

Wy też możecie sobie pomóc w każdej chwili życia. Możecie pomóc swoim bliskim wykaraskać się z wszelkich możliwych tarapatów i osiągnąć sukces.

W tej książce do Waszej dyspozycji oddane zostały potężne metody, ale to jeszcze nie wszystko.

Przyszłość może Wam podarować metody jeszcze potężniejsze i jeszcze doskonalsze.

ZAKOŃCZENIE

Nie tylko widzieć, ale także oddziaływać

Gratuluję Wam z całego serca! Posiadacie wiedzę, która może zupełnie zmienić Wasze życie, ponieważ pozwoli osiągnąć wszystko, co tylko będzie Wam potrzebne. Wasz umysł i siła umożliwią stuprocentowe wykorzystanie możliwości tego świata. Co teraz?

Posiadacie już doświadczenie w nawigacji pośród Światowych Prądów. Macie wiedzę i siłę niezbędną do odniesienia sukcesu w tej materii. Teraz potrzebujecie trochę czasu – niewiele – kilka tygodni, aby nowa wiedza na trwale wpisała się w Wasz obraz wszechświata. Potem zaczniecie lekko i z łatwością lawirować wśród zdarzeń, osiągając to, co potrzebne jest Wam i Waszym bliskim. A to oznacza już więcej niż odczuwalne płody swobody – oznacza przewagę – przywileje, których w naszym świecie praktycznie nikt nie posiada.

Istnieją poziomy wyższe od poziomu Światowych Prądów. Tam znajdują się wyższe przyczyny tego wszystkiego, co ma miejsce w świecie. Tam, na dobrą sprawę, tworzy się świat.

Nawet gdy posiadamy siłę, wiedzę i doświadczenie, ale nie znamy tych wyższych przyczyn, jesteśmy wobec nich bezsilni. W żaden sposób nie możemy na razie wywierać wpływu na świat, oddziaływać na niego, możemy tylko sami się dostosowywać.

Mówiliśmy o tym, że jest realność już przejawiona w świecie – i jej zmienić nie możemy. Jednak istnieje także realność jeszcze niedziałająca na poziomie przyczyn i niewyjawiona światu. I właśnie na tym poziomie możemy zmienić przyczyny. A to oznacza, że możemy zmienić realność.

Jednak aby tak się stało, musimy mieć dostęp do poziomów, gdzie założono te wyższe przyczyny.

Na drugim etapie piątego stopnia systemu DEIR dowiecie się, jak to zrobić. Przeczytacie o tym, wedle jakich zasad przypadki, które nas otaczają, wpływają na świat, o tym, jak wybierać kluczowe punkty zmian i kiedy zaczynać te zmiany. Dowiecie się o różnicy

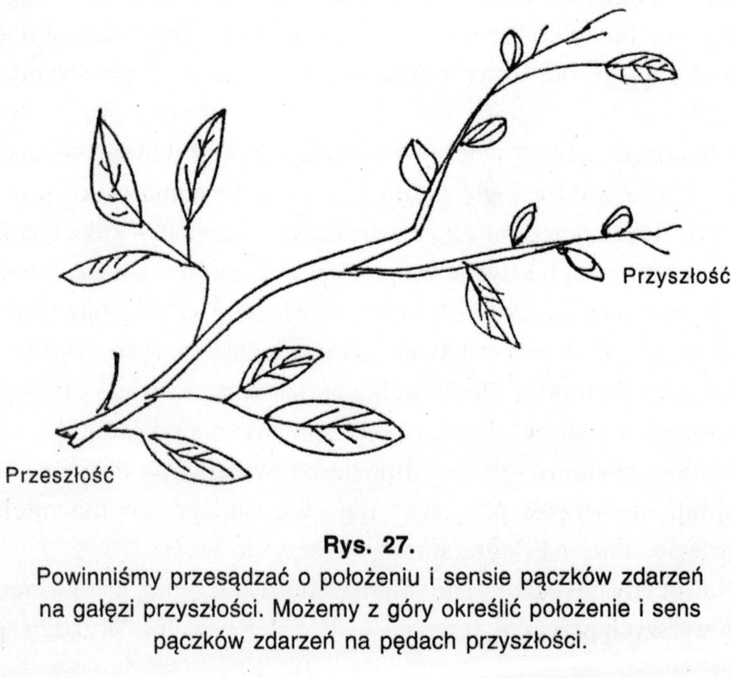

Rys. 27.
Powinniśmy przesądzać o położeniu i sensie pączków zdarzeń na gałęzi przyszłości. Możemy z góry określić położenie i sens pączków zdarzeń na pędach przyszłości.

między powolnymi i szybkimi myślami i o tym, w jaki sposób je wykorzystać, oddziałując na świat. Zrozumiecie, co oznacza uczucie wiary z jej niczym niezmąconymi mistycznymi koncepcjami znaczenia oraz w jaki sposób może ono oczyszczać przestrzeń odległych zdarzeń, ustawiając wszystko, co niezbędne do osiągnięcia pomyślności, dobrobytu i szczęścia Waszego i Waszych bliskich.

Są to metody pozwalające zmieniać realność. Metody, które zaprowadzą Was na szczyt w rywalizacji z innymi. Wszystkie one ukażą się w drugiej części piątego stopnia systemu DEIR.

Książka powinna zostać wydana w pierwszych miesiącach przyszłego roku (tj. w 2008 r. – przyp. tłum). Na kursach w Sankt Petersburgu oraz w innych miastach od razu po ukazaniu się tej książki będziecie mogli chłonąć pełną wiedzę piątego stopnia.

Nauczycie się także odczuwać i pojmować to, co zachodzi ponad naszą realnością – Wyższą Siłę naszego świata. Będziecie potrafili z nią współdziałać. Odczujecie, na czym polega najwyższe zadanie człowieka na danym etapie rozwoju i zapoznacie się z wirtualnymi polami znaczeń Wszechświata. Dotkniecie przeznaczenia świata.

O tym wszystkim – w następnej książce. Do widzenia!

POSŁOWIE

Szkoła DEIR

Wszyscy zajmujemy się bardzo poważną sprawą.

Napotkaliśmy ogromne trudności w związku z organizacją szkoły, ponieważ spoczywa na nas wielka odpowiedzialność w kwestii przygotowania grupy wykładowców. Jeśli wykładowca nie do końca rozumie, co wykłada, z czym ma do czynienia, zaszkodzi uczniom. Sprawa ta dotyczy bardzo wielu szarlatanów próbujących wyłudzić pieniądze, korzystając z ufności ludzi.

Wszyscy prowadzący zajęcia zgłębiające opanowanie metod DEIR są dokładnie wyselekcjonowani oraz przechodzą przygotowanie teoretyczne i praktyczne. Wykładowcy zobowiązani są do nieustannego podnoszenia swych kwalifikacji, które muszą potwierdzać nie rzadziej niż raz w roku. Dlatego przeczytajcie uważnie wykazy wykładowców i organizatorów DEIR. Wielokrotnie do nas zwracali się ludzie pokrzywdzeni przez szarlatanów. Wszystkich poszkodowanych trzeba było stawiać na nogi, „składać" od nowa. Czy nie jest to zbyt wielka zapłata za niewykonanie jednego telefonu upewniającego Was, z kim macie do czynienia?

Niektórzy (próbujemy dociec, kim są, działali w Moskwie i Nowgorodzie) nie znają metod DEIR, to samozwańcy udający znawców. W żadnym razie nie dajcie się nabrać i nie uczcie się od nich – to, czym się zajmują, nie ma nic wspólnego z kursem DEIR. Chrońcie swoje pieniądze i zdrowie. Proszę, bądźcie bardzo uważni! Każdy sprawdzony wykładowca – metodyk posiada świadectwo wykładowcy potwierdzające jego kwalifikacje, wydane w Sankt Petersburgu. Nie mylcie tego z zaświadczeniami, które są wydawane bez prawa prowadzenia wykładów. Takie zaświadczenia otrzymują wszyscy słuchacze, dają one prawo do wzięcia udziału w metodycznych zajęciach DEIR kolejnego stopnia w dowolnym mieście oraz umożliwiają wstęp do każdego Klubu DEIR. Zajęcia pierwszego stopnia trwają nie mniej niż 4 dni po 3 godziny, na nich zawsze są wydawane przedmioty umożliwiające dostęp do energetycznej rezerwy DEIR.

Obecnie spis organizatorów DEIR wciąż jest uzupełniany – jeśli chcecie się upewnić co do kompetencji prowadzącego, zadzwońcie pod nr telefonu (812) 219-12-45 do głównej siedziby szkoły w Petersburgu.

DEIR nie cierpi szarlatanów!

Pod tym numerem telefonu możecie także uzyskać odpowiedź na interesujące Was pytania w kwestii opanowania metod DEIR, możecie też do nas napisać:

СПб, 198103, Лермонтовский пр., 44/46, а/я 123.

Jeśli zdecydujecie się na stacjonarny kurs, przyjmiemy Was z radością. Obecnie szkoła DEIR – to więcej niż 50 miast, a w każdym z nich działa Klub DEIR oferujący pomoc metodyczną, praktyczną, klub, w którym zawrzecie nowe znajomości, w którym spotkacie się z ciepłem i sympatią. To także uzupełniające seminaria i nowe znajomości. To ekskluzywne metody, których nigdy nie opanuje się, korzystając z książek. Zawsze możecie liczyć na naszą pomoc.

Życzymy siły i szczęścia!

SPIS TREŚCI

Pouczenie na drogę 5
Wprowadzenie. Dotknięcie Najwyższego 7

ROZDZIAŁ 1.
Wolność, powodzenie, oddziaływanie i dojrzałość 11
Przesłanki nowego etapu ewolucji człowieka 12
Początkowe etapy systemu DEIR: od wolności – do dojrzałości 18
Przede wszystkim potrafiliśmy osiągnąć Wolność 21
Drugi etap umożliwił nam kierowanie sobą – Kształtowanie 26
Rozpaczliwie potrzebowaliśmy trzeciego stopnia DEIR – Oddziaływania 38
Czwarty stopień spowodował, że staliśmy się nowymi istotami 44

ROZDZIAŁ 2.
Doświadczenie, władza i Siły Wyższe 49
Światowe prądy 50
Nowy stopień – nowe potrzeby 55

ROZDZIAŁ 3.
Doświadczenie: nawigacja wśród Światowych Prądów 73
Mapa, na której brak wskazówek 74
Słów kilka o porządku i chaosie 81
Strefowość życia: sposób orientacji 100
Krok 1. *Odkrycie wirtualnej przestrzeni swojej świadomości* 103
Krok 2a. *Odkrycie wewnętrznego obszaru „dobrze”* 105
Krok 2b. *Odkrycie wewnętrznego obszaru „źle”* 106
Krok 2c. *Włączenie do systemu sterowanej strefowości* 108

ROZDZIAŁ 4.
Drogi zamknięte i otwarte: rozumienie zjawiska 115
Umiejętność ominięcia drzewa 116
Otwarta droga – obszar w strefowości 118
Zamknięta droga – zakłócenia w strefowości 125

ROZDZIAŁ 5.
Drogi otwarte i zamknięte: metody określania 137
Podstawowa zasada pracy i warunki wykorzystania układów testowych 138
Metody nawigacji i układy testowe 147
Krok 3. *Układy testowe do analizy stopnia otwartości drogi* 148
Krok 3a. *Wewnętrzne sformułowanie pytania i uruchomienie układu testowego* 151
Krok 3b. *Interpretacja wskazań podwójnych układów testowych* 153
Krok 3c. *Interpretacja wskazań wieloznacznych układów testowych* . 156

ROZDZIAŁ 6.
Drogi otwarte i zamknięte: reguły zachowania 163
Krytyk wewnętrzny 164
Zasady zachowania na otwartej drodze 167
Krok 4. *Korekta realizacji etapów odkrytej drogi z odbudową prawdziwych pól znaczeń* 169
Zasady zachowania się na drodze zamkniętej 171

ROZDZIAŁ 7.
Przekształcenie drogi zamkniętej w otwartą 195
Zasady stosowania metody 196
Krok 5a. *Przekształcenie zamkniętej drogi w otwartą: „druga noga"* 199
Krok 5b. *Przekształcenie zamkniętej drogi w otwartą: powodzenie innego człowieka* 204
Krok 5c. *Przekształcenie zamkniętej drogi w otwartą: wejść na nowo* .. 206

Zakończenie. Nie tylko widzieć, ale także oddziaływać 209

Posłowie. Szkoła DEIR 213

SZAMAN
To Twój miesięcznik!
...leczy ciało i duszę
UKAZUJE SIĘ OD 1990 R.
medycyna niekonwencjonalna
jak żyć w zgodzie z naturą
ćwiczenia dla poprawy zdrowia
bioterapia
targi zdrowia
porady
horoskop
www.redakcjaszaman.webpark.pl
tel. (032) 257-15-90
40-049 Katowice
ul. Kościuszki 19

Dimitri Wereszczagin
Dojrzałość. DEIR IV

Autor książki, Dimitri Wereszczagin, proponuje Czytelnikom opanowanie unikalnych metod, które umożliwią zespolenie duszy człowieka z jego świadomością i ciałem eterycznym. Takie zjednoczenie pozwala odkryć w sobie źródło nieograniczonej siły, zdolności twórczych oraz otwiera dostęp do intuicyjnych danych.

Twórczość, intuicja i siła są tym, co określa dojrzałość człowieka i pomaga mu urządzić życie według swych pragnień. Człowiek dojrzały otrzymuje to, czego jest godzien, staje się niezależny od ciała fizycznego. Do Waszej dyspozycji zostały oddane potężne radykalne metody:

- uświadomienie duszy,
- uduchowienie świadomości,
- rozgałęzienie świadomości,
- połączenie się świadomości z centralnymi strumieniami,
- zjednoczenie duszy, świadomości i ciała eterycznego.